浙江省社科规划后期资助课题18HQZZ14资助

供应突发事件下的供应链应急管理研究

管理 MANAGEMENT

朱传波 季建华 著

Research on Supply Chain Risk Coping Strategies under Supply Disruption

上海交通大學出版社
SHANGHAI JIAO TONG UNIVERSITY PRESS

内容提要

突发事件应急管理是近些年来国内外学术界、企业界及各国政府普遍关注的问题之一。本书聚焦于突发事件造成供应中断下的供应链应急管理，在识别关键的“不确定性主轴”的基础上，运用情景规划法建立了不同风险情景下的应急管理范式，并通过数理模型对不同风险情景进行刻画，主要研究供应突发事件下的供应链订货与可靠性改善决策、供应链恢复决策等。

本书可作为高等院校管理科学、运营管理、供应链管理等相关专业研究生的参考用书，也可作为管理类专业教师、研究人员或企业管理人员的研究参考书。

图书在版编目(CIP)数据

供应突发事件下的供应链应急管理研究 / 朱传波，季建华著.
—上海：上海交通大学出版社，2018
ISBN 978-7-313-20731-9

Ⅰ.①供… Ⅱ.①朱…②季… Ⅲ.①供应链管理-研究
Ⅳ.①F252.1

中国版本图书馆 CIP 数据核字(2018) 第 294927 号

供应突发事件下的供应链应急管理研究

著　　者：朱传波　季建华
出版发行：上海交通大学出版社　　地　　址：上海市番禺路 951 号
邮政编码：200030　　电　　话：021-64071208
出 版 人：谈　毅
印　　刷：上海春秋印刷厂　　经　　销：全国新华书店
开　　本：710mm×1000mm　1/16　　印　　张：9.5
字　　数：163 千字
版　　次：2018 年 12 月第 1 版　　印　　次：2018 年 12 月第 1 次印刷
书　　号：ISBN 978-7-313-20731-9/F
定　　价：58.00 元

前　言

Preface

突发事件应急管理是近些年来国内外学术界、企业界及各国政府普遍关注的问题之一。随着经济的进一步全球化，供应链网络结构范围不断拓广，在增加自身的复杂性的同时，也增加了网络运营环境的不确定性和运营系统的脆弱性。供应链网络上单个节点或线路中发生的突发事件往往会影响到与之相关联的其他节点，给企业的经营带来了极大的风险，例如，2018 年的美国对中兴通讯的制裁事件就是一个典型案例。突发事件风险下，产品和零部件的个性化特征导致事后应急管理受限于应急资源的匮乏、应急时间的紧迫性与应急方案的不够充分性。对于管理者来说，需要对企业可能面临的各种不确定性建立思想上的准备，评估各种突发事件风险情景对企业运营的影响，并重点关注可能对企业运营带来重大不利影响的情景，进而在充满不确定和挑战的环境下制定突发事件风险的应对策略。

本书是笔者在上海交通大学安泰经济与管理学院攻读博士学位期间取得的部分研究成果。其聚焦于突发事件造成供应中断下的供应链应急管理，在识别关键的“不确定性主轴”的基础上，运用情景规划法建立了不同风险情景下的应急管理范式，并通过数理模型对不同风险情景进行刻画，主要研究供应突发事件下的供应链订货与可靠性改善决策、供应链恢复决策等。希望本书有益于完善供应链应急管理的理论体系，能给企业应对突发性风险带来一点启示。

本书的研究内容分为七章，各章的研究内容如下：

第 1 章，绪论。本章主要介绍了本书的研究背景、研究目标、研究意义以及研究的总体思路与框架结构。

第 2 章，文献综述。本章对供应链应急管理领域的相关文献进行了回顾与梳理，并对供应链应急管理中的模型、风险度量与研究方法进行了评述。

第 3 章，基于情景分析的供应中断风险识别、防范与预警。本章首先给出了企业供应中断风险应急管理框架；然后，运用情景分析法，识别和确定了供应突发事件应急管理中的几个关键的“不确定主轴”，在此基础上提出了 5 种企业供应中断风险应急情景范式。

第 4 章，供应突发事件下供应链订货与可靠性改善决策。针对常规突发事件风险或一般扰动风险，本章构建了双源采购及单个供应商可靠性改善下的随机产出模型。在此基础上，进一步研究供应突发事件下基于 VaR 和 CVaR 准则的供应链订货决策。

第 5 章，供应突发事件下供应链恢复决策及协调。本章引入 CVaR 刻画了供应链在突发事件下的应急目标，进而建立了一定置信水平控制下的供应链恢复能力投资的决策模型。接下来，我们将研究对象拓展到一个由两个供应商和一个制造商组成的装配式供应链，其中，一个供应商是可靠的，一个供应商是不可靠的，研究供应链突发事件应急援助恢复与订金决策。

第 6 章，突发性需求下的供应链日常计划问题。本章研究了突发性需求信息对称且完全、突发性需求信息对称但不完全、突发性需求信息不对称等情形下的供应链能力决策及应急协调机制。

第 7 章，总结与展望。本章对全文的研究内容进行了总结，并对后续的研究方向和研究内容进行了展望。

感谢我的博士生导师季建华教授，本书的主要内容正是在攻读博士学位期间参加导师的国家自然科学基金重点项目“应急运作管理与鲁棒计划”的过程中的阶段性研究成果；感谢杭州师范大学阿里巴巴商学院的领导和同事，感谢上海交通大学出版社的提文静老师，正是你们的支持本书才能付梓出版！由于作者水平，书中存在不足之处在所难免，敬请读者批评指正。

朱传波

2018 年 7 月于杭州师范大学阿里巴巴商学院

目 录

Contents

第1章

绪　论

1.1　研究背景

社会分工的日益扩大和经济的全球化发展，一方面加快了资源（包括产品或服务）的合理流动和资源的整合效应；另一方面也使得企业的供应链运营网络系统变得庞大而复杂，增加了网络成员之间的相互依赖性。企业的供应链运营网络的复杂性加上运营管理的日益精细化（以日本企业为代表，如丰田等），使得供应链的脆弱性增加，加剧了供应链的运营风险。特别是，在突发事件风险下，若供应链中单个节点企业的生产运营可能中断或失效，可能会导致整个供应链网络运营崩溃，极大威胁了供应链上其他节点企业的生存和发展，甚至对人们的生产生活和社会经济的发展带来重大负面影响。Christopher and Towill[1]认为供应链突发事件风险主要来源于大规模的自然灾害、恐怖袭击、制造工厂火灾、大范围的停电事故、SARS、经济或政治危机以及其他的突发性的事件，这些突发事件不断对供应链网络造成冲击，使得原本脆弱的企业运营系统面临更大的风险，如供应中断、需求中断、物流中断、信息中断等。下面列举一些著名的有关供应链中断事件案例。

- 1998年的美国飓风使Dole及Chiquita两家公司都丧失了中部的生产能力，由于没有备用供应商，Dole直接损失多达1亿美元；而Chiquita通过增加在巴拿马等地的产量以及购买其他生产商的香蕉维持了供应链的平稳，该季度的营业收入反涨了4%[2]。
- 1999年台湾大地震对全球半导体市场造成了巨大的影响。当时，台湾是世界第三大计算机外围设备的供应地，由于地震导致台湾地区大多数供应商生产运营系统的中断时间长达2～4周，进而使得全球半导体零部件出现暂时短缺，计算机内存芯片的市场价格也呈现了暴涨。

- 2000年3月17日，荷兰菲利普电子集团位于美国新墨西哥州阿尔布开克的半导体工厂被雷电击中，第22晶片工厂顿时起火，菲利普训练有素的员工立即行动，不到10分钟，火就被扑灭了。火虽然熄灭了，真正的故事却刚刚拉开序幕。谁能料到这起突发事件将对两家北欧公司爱立信和诺基亚的未来产生了深远影响。由于企业文化、预警能力、反应能力、供应链运营能力的不同，这场火灾事件使得爱立信损失惨重，订单和市场损失高达23.4亿美元，并导致爱立信在2001年退出手机市场，并与索尼公司合资成立公司生产索爱手机[3,4]。
- 2001年的“9·11”恐怖袭击事件后，美国政府暂时关闭了美国与加拿大/墨西哥之间的机场港口设施的运营。受到事件影响，福特汽车公司的零部件供应商的物流延迟使得福特在2001年第四季度的产量下降了13%。
- 2003年的SARS(非典)事件在我国的爆发，对中国及全球企业的供应链网络带来了极大的冲击。以下是“非典”危机肆虐时候，供应链上出现的一组灰色数据：交通运输业4～6月损失总额约380亿元；批发及零售业收入损失120亿元；制造业收入增加值减少270亿元；南京到上海的货运因关卡致使时间增加2倍；上海到天津的公路运输费增加2倍；北京首钢运往欧洲货物的运费上涨1倍多，仍然无船可租，大量货物滞留港口，库存比去年增加2万吨[5]。
- 2005年的“苏丹红”食品安全事件发生后，除了以“苏丹红”为食品添加剂的生产商损失惨重外，以其为纽带的供应链上下游企业如原料供应商、产品分销商、制造商都遭受了不同程度的损失。
- 2008年的“三鹿奶粉”食品安全事件，给我国乳制品行业带来了巨大的损失。事件发生后，“三鹿奶粉”供应链上游的奶农做出倒奶、贱卖奶牛甚至杀牛的无奈之举，供应链下游经销商受理退货、赔付及资金链断裂；而三鹿集团几十年打造的中国驰名商标则毁于一旦。
- 2008年1～2月的“南方雪灾”事件，使得交通系统和电力系统遭受巨大破坏，直接经济损失达到1 516亿元，损失程度超过了“SARS”事件对经济造成的影响。2008年汶川特大地震造成的直接经济损失达8 451亿元。

- 2011年日本“3·11”大地震除了造成重大人员伤亡外，严重挫伤了国内经济及处于产业链条上的全球供应链体系。地震对日本经济的影响体现在基础设施、居民财产、制造业、出口贸易等方面。据相关报道，这场地震已造成包括丰田、本田在内的多家汽车、半导体工厂和炼油厂关闭，部分机场、铁路和地铁暂停运营，所有港口关闭。据初步估计，日本地震经济损失或高达2 350亿美金。

上述案例说明：随着企业运营的精益化和全球化的发展，在不稳定的外在环境下，供应链系统变得越来越脆弱，企业/供应链风险管理/应急管理迫在眉睫。众多案例表明，突发事件给企业的供应链运营带来了深远的影响，而目前企业也缺乏有效的应对突发事件的方法，寻求合适的、有效的风险规避与应急管理方法和策略，是摆在政府、企业面前的一道难题。是用积极的态度事前将风险嵌入到供应链运营优化决策中，还是被动地等到事情发生后再来考虑如何应对，是摆在企业面前的一道难题。

从实际的运营来看，很少有企业采取一种积极的风险管理态度，正如Repnning and Sterman在《加州管理评论》中提及“很少有公司能用积极的态度来投资应急运作方案，因为很少有企业为从没有发生过的事情投资买单。”但是，从一些典型的突发事件影响（如前面提及的“爱立信退出手机市场”的案例）来看，如果不考虑事前的风险规避策略，等到突发事件发生，即使企业认识到通过什么手段和方法来进行应急管理，但是在事后的资源（设备恢复资源、可替代的零部件）的可获得性较差这样的事实面前，企业往往无能为力，其应急方案显得捉襟见肘。事实上，如果企业能认识到其供应链中的脆弱环节时，应该提前准备各种风险情景的规避方案或策略，而不是被动地等到事后再来行动。另外，企业在供应链运营目标优化中，不仅仅要考虑到期望利润的大小，更要考虑到其在获取利润过程中所面临的风险。也就是说，企业对风险的态度将直接影响到风险管理/应急管理的效果，以及企业的可持续性运营。所以，对于企业来说，也需要一套积极的风险管理思想和体系，来修正其原先的被动的风险管理思想，并采取相应的策略来规避风险。

从2001年美国“9·11”事件以来，突发事件应急管理受到了世界各地政界、企业界和学术界的关注。就政府而言，2001 年美国“9·11”事件之后，美国政府全面反省了突发事件的应急响应机制和政府管理体系，并在 2003 年成立国土安全部(Department of Homeland Security，简称 DHS)，以全面协调和实施发生在国内和国土边界的自然灾害、恐怖袭击和其他突发事件的处置。就企业而言，例如，在遭受了供应中断事件的打击后，爱立信重新审视了以前的供应链管理理念，认识到片面的追求低成本和高效率往往会带来巨大的风险。爱立信成立了供应链风险管理部门，并重新制定风险管理的流程和工具来分析、评估和管理风险源[7]。

基于上述背景，本书主要研究企业如何通过运用一定的方法如情景分析来制定企业的突发事件风险防范和应急管理框架，并围绕不同的风险情景，设计一套供应中断风险规避的策略，如订货策略、防范能力投资策略、供应链恢复能力投资策略以规避风险。

1.2 研究目标

突发事件发生前，借助科学方法和工具，探寻企业/供应链突发事件应急管理的客观规律，统筹规划企业/供应链风险管理中的订货与库存决策、生产运营设施的可靠性改善与恢复决策、供应链中成员间的协调决策等，为突发事件后的应急管理提供决策基础，这也是本书研究的目标所在。

1.3 研究意义

本书在吸收现有的供应链风险管理、应急管理的学术研究成果以及具体实践现状的基础上，针对生产制造行业的供应链系统构建了供应中断应急管理的情景分析框架，并重点研究了特定突发事件情景下的企业供应中断风险规避策略的数理模型，具有一定的意义。

(1)给出了供应链突发事件应急管理的情景分析框架，建立了不同风险情景下的应急范式，为管理者在充满不确定及挑战的环境中的战略决策提供理论依据。

(2)运用条件风险值法对供应突发事件风险进行刻画和度量，一方面，凸显了小概率事件的影响，是对基于风险中性的数理模型优化理论和方法的深化；另一方面，将条件风险值法在供应链风险中的应用从需求侧突发事件应急管理拓展到了供应侧突发事件应急管理。

(3)将供应链系统中的供应中断风险和需求中断风险规避决策纳入到一个框架进行研究,理论上拓展了现有的对供应链中断风险的研究思路。

1.4 研究思路与框架结构

1.4.1 研究思路

本书研究的目的是企业如何避免上游企业的供应风险,特别是突发事件使得供应链上游企业生产运营中断,从而导致自身生产所需要的原材料、零部件和产品供应中断。本书的研究目标是借助科学的研究方法,对企业应急管理中所涉及的订货与订单分配决策、供应商可靠性改善投资决策、供应链恢复能力投资决策进行统筹分析,为企业应对突发事件风险提供决策支持,总体研究思路如下。

首先,运用"情景分析"方法来分析和思考突发事件发生与作用的"情境"("情境"是由突发事件应急管理绩效特征维度即情景"因子"所构成的画面),对发生的特定情景进行事先的干预式"预演",并分析特定的"情境"对企业应急管理绩效的影响,进而在此基础上,提炼出具有一般性的"供应中断风险损失与规避模型"。

其次,在前述"情景分析"所获取的各种"情境"的基础上,个性化提取指标,如本书所研究的突发事件其作用的对象为企业的一级供应商,突发事件的类型是可控或不可控,在此基础上研究企业为防范供应风险/供应中断风险所进行的订货决策、供应商可靠性改善决策和供应链恢复能力投资决策等。笔者考虑的是:突发事件前,供应链制定突发事件下的订货和供应商可靠性改善策略;突发事件后,制定突发事件下的供应链运营恢复策略。

再其次,研究供应中断风险下的供应链订货决策模型,拟用的模型为随机产出模型(Random Yield),尽管现在诸多文献用随机中断模型(Random Disruption)来刻画突发事件,但是,笔者认为突发事件的发生不一定会导致供应商能力完全中断,即使一个大的突发事件导致供应商的一个工厂能力完全受损,但是企业也可能会有几个工厂,且不大可能同时受损。另外,考虑在传统的随机产出模型基础上,引入风险度量准则 VaR 和 CVaR 来刻画在面对不同风险时,管理者的风险态度。本书中,拟用 VaR 来表达管理者面对一般风险事件或可控突发事件的风险态度，用 CVaR 来表达面对不可控突发事件（不可控突发事件产生的损失往往是巨大的）时管理者的风险态度。

1.4.2 研究内容与框架结构

综合供应链采购与库存、供应链风险管理、金融风险管理、情景规划以及现有的突发事件应急运作管理理论，结合最优化数理模型及计算机仿真技术对企业规避突发事件风险的策略进行了优化分析。

下面，对本书的研究内容进行概括，主要包括以下几个方面：

第一，研究问题的提出与现有的研究现状总结。

第二，对企业如何规避突发事件造成的供应中断风险进行了讨论，并结合情景分析方法试图给管理者一个应对突发事件风险的框架和情景应急范式，以形成总的研究思路。

第三，基于供应商生产运营中断所带来的供应中断风险，从供应链下游企业的订货决策行为、对供应商可靠性进行改善的投资决策行为、对供应商的恢复能力进行投资的援助决策行为等几个方面建立数理模型进行优化，并考虑了运用金融风险刻画中广泛运用的 CVaR 度量准则来刻画管理者面对潜在突发事件的风险态度。

第四，总结与研究展望。

下面，给出本书的研究内容与框架结构，各部分研究内容描述如下：

第 1 章绪论。主要介绍了本书的研究背景、研究目标和研究意义；接下来，对研究目标进行分解，概况了论文的研究思路和框架内容。

第 2 章文献综述。对现有的供应链应急管理领域的相关文献进行了回顾和总结，并指出了可以进一步研究的空间。

第 3 章基于情景分析的供应中断风险识别、防范与预警。本章是本书的全局分析部分，首先给出了企业供应中断风险应急框架，借助波特的“价值链”模型，提出了企业突发事件风险应急管理由基本活动和支撑活动组成，主要思想是管理好供应链各个环节的风险是可以创造价值的；同时，这些活动也是供应中断风险情景应急管理中的情景构成要素。将原来用于企业长期战略规划的流行工具“情景分析”运用于供应链突发事件应急管理领域，提出了企业应急管理绩效的几个特征维度，每个维度可以作为情景分析中的一个“情景因子”，这种“情景因子”组合决定了突发事件的影响以及突发事件应急相应能力的要求，同时也是供应中断风险识别、防范与预警。

第 3 章的内容为以后的研究提供了铺垫，第 4 章研究的订货决策中考虑到了管理者的风险规避行为，风险规避程度是由突发事件性质决定的，对可控突发事件的风险规避程度一般，对不可控突发事件的风险规避程度较高。第 5 章研究了供应链恢复能力投资决策，主要考虑的是当供应链上游面对不可控制突发事件时，管理者不能干预突发事件发生的概率，只能通过事后恢复以规避损失(恢复能力需要在事前进行投资，以防备突发事件后的资源可得性差)，这是第 3 章研究中的情景 2 的状况描述，即突发事件为不可控制、突发事件作用对象为一级供应商、企业有一定的防范与恢复措施。

第 4 章供应突发事件下供应链订货与可靠性改善决策。突发事件风险下，供应商往往是不可靠的，为了规避供应商不可靠所带来的供应风险，供应链下游企业可能考虑多源或双源采购。本章主要分为两个部分：第一部分研究供应链成员风险中性下的供应链订货与可靠性改善决策。突发事件风险下，制造商的关键零部件采用双源采购模式，双源采购模式可以降低对一个供应商的过度依赖，供应可靠性增加；同时制造商可以对供应商进行可靠改善(针对特定的可控制突发事件，可靠性改善投资可以降低风险发生的概率)，以规避供应风险。例如，为防止地震、火灾等灾害对供应商生产运营系统的破坏，可考虑对供应商生产工厂建筑物维护结构进行加固、对供应商生产设施进行防火保护如安装自动喷淋防火系统等。

上述背景下，笔者首先建立了供应商不可靠下的供应链订货分配模型，理论上证明了供应商可靠性和成本参数对制造商订货决策的影响，以及一个供应商的可靠性对另外一个供应商的订货量分配的影响。其次，将可靠性改善变量引入原有数理模型，理论上证明了供应商可靠性改善投资对制造商的价值。

第二部分研究的是供应突发事件下基于 VaR 和 CVaR 准则的供应链订货决策。首先，考虑针对常规突发事件风险或一般的扰动风险，运用 VaR 度量准则刻画企业的运营目标，即企业能以一定的置信度保证其损失不会超过某一个特定的损失值或保留损失，换言之，企业能以一定的置信度保证其利润不会低于某一个特定的值或保留利润。

在上述背景下，建立了企业的决策目标函数，对企业的最优订货量进行了分析并与风险中性进行了比较，并理论上证明了企业的风险规避因子(包括风险规避系数、保留利润)对其订货决策的影响，并分析了企业的订货决策行为对供应链成员利润的影响。其次，考虑针对非常规突发事件风险或极端事件风险，该背景下，企业的利润低于某一个特定的值或保留利润，这种情况发生的概率较小，往往是置信度的对立面,即 1 减去置信度。我们运用 CVaR 度量准则刻画企业的运营目标,建立了供应链订货协调模型,对制造商的最优订货量进行了分析并与风险中性进行了比较,理论上证明了制造商的风险规避系数和供应商的可靠性对其订货决策的影响,并数值仿真对最优订货量的影响参数进行了分析。

第 5 章供应突发事件下供应链恢复决策及协调。突发事件可能会导致供应商运营中断,为了规避供应中断风险,制造商需要激励供应商投资恢复能力或者为供应商提供应急援助恢复。本章主要分为两个部分:第一部分是供应链恢复决策及协调。该部分主要研究由一个不可靠的供应商和制造商组成的供应链中,突发事件下,供应商的生产运营可能中断,其如何制定恢复能力投资决策使得供应链协调。第二部分是供应链应急援助恢复与订金决策。主要研究两个供应商和一个制造商组成的装配式供应链中(其中,一个供应商是不可靠的),突发事件下,可靠供应商制定订金决策,制造商制定应急援助恢复决策(针对不可靠供应商);那么,制造商如何进行应急援助恢复决策,其最优的应急援助恢复措施又是如何受到可靠供应商的订金决策影响的。

第一部分,供应突发事件下供应链恢复能力投资决策及协调。供应商遭遇突发事件的冲击后,生产运营系统需要得到及时恢复/修复,而系统的修复是以专业性恢复能力投资如生产设备所需要的维修零配件、相关专业技术等。如果生产设备的专业性较强,这种投资需要在突发事件发生前进行相应的投资和准备,事后应急投资局限于应急恢复资源的匮乏、应急时间的紧迫性;因此,预先的资源部署和周到的应急恢复计划对受损企业及其上下游企业来说,就显得尤为重要。为缓解突发事件对供应链的影响,供应商需要在事前进行恢复能力投资,但这种投资是需要成本的,所以,供应链成本分担机制的契约设计就显得尤为重要,或者制造商需要设计一个补偿机制以激励供应商进行恢复能力投资。上述背景下,我们建立了供应链恢复恢复能力投资决策模型,并引入 CVaR 准则来刻画制造商对突发事件的风险规避态度,理论上证明了供应链最优恢复能力投资,以及 CVaR 准则下供应链协调应该满足的条件。

第二部分,供应链突发事件应急恢复援助与订金决策。该部分是对第一部分的后续研究,研究对象为由一个可靠供应商、一个不可靠供应商和一个装配制造商构成的装配式供应链,研究的背景为突发事件下不可靠供应商的运营可能会中断,从而导致制造商的零部件供应中断,进而制造商可能会取消可靠供应商的订单。也就是说,制造商面临供应中断的风险,而可靠供应商则面临需求中断风险。为了防范风险,可靠供应商为防范需求中断风险而制定订金决策,制造商为防范供应中断风险和订金不予归还风险而制定应急援助恢复决策。研究结论表明:可靠供应商的订金决策有利于激励制造商投入更多的对不可靠供应商的应急援助恢复措施,使得不可靠供应商的恢复产量能得到一定的保证,进而降低了可靠供应商订单被过多取消的风险,增加了自身的期望利润;订金的激励作用主要体现在对小概率事件大影响事件的防范,以及担心制造商对突发事件应急援助恢复的重视程度不够。

第6章突发性需求下的供应链日常计划问题。面对突发性需求时企业如何进行能力决策及应急协调等日常计划问题,直接关系到企业供应链运作的效率。本章首先研究基准供应链的能力协调机制问题,发现能力预约契约下的分权供应链绩效能达到供应链集权决策时的水平,且要优于批发价契约下的供应链能力决策。然后针对突发性需求,运用能力预约契约分别对突发性需求信息对称且完全、对称但不完全、不对称三种情形下的供应链能力决策进行了协调,并就各种情形下供应链的最优能力及相应的利润加以了比较分析。最后通过数值算例验证了本文模型与证明推导的有效性。

第7章总结与展望。第7章对本书的全部研究内容进行了总结,指出了研究的不足之处,并对下一步可能的研究方向进行了展望。

1.5 研究创新

本书综合运用供应链风险管理理论、金融风险管理理论、决策行为理论以及现有的应急管理理论,将企业战略规划中的“情景分析”、金融风险管理中的“条件风险值(CVaR)”等方法运用于对供应链应急运作管理的研究中。综合来看,本书可能的创新之处在于以下几点:

(1)将“情景分析”方法运用于对供应链突发事件的应急管理的研究,将供应链运营中涉及的订货、库存、风险预警系统、供应链节点企业的风险防范与恢复措施等决策问题纳入到一个框架进行分析,给出了供应链突发事件情景应急管理的概念框架,并对供应链突发事件进行事前静态情景分析和事中动态情景分析。

(2)将金融风险管理中的CVaR方法创新地运用于对供应侧突发事件风险控制与应急管理的研究中,现有的供应链CVaR模型,其关注的背景主要是需求侧的风险,而较少涉及供应侧的风险。研究发现:管理者对供应侧风险规避下,倾向于多订货和投入更多的恢复措施;管理者对需求侧风险规避下,倾向于少订货以规避风险。

(3)本书在对供应链订货量分配决策分析中,得到以下结论:对于特定的供应商来说,企业向其订货量随着另外的供应商可靠性增加而减少,跟该供应商的可靠性的相关关系并不确定,该结论修正了 Burke et al[8] 对多源采购下的供应商可靠性对供应链下游订货量分配的影响分析。

(4)将供应链中不同成员面对的供应中断风险和需求中断风险纳入到一个框架进行考量,将"应急恢复援助"作为制造商的决策变量来防范供应中断风险,将"订金"作为可靠供应商的决策变量来防范因供应中断风险而衍生的需求中断风险,具有一定的创新性。

1.6 本章小结

本章结合几个案例说明了全球化分工背景下的供应链网络较为脆弱,容易受到突发事件的攻击,引出了本书研究的整个大背景。基于上述背景,首先提出了本书的研究问题、研究目标和研究意义;然后,对本书的研究思路和整个研究框架及内容进行了分析和概括;最后,指出了本研究的创新点。

第 2 章
文献综述

2.1 引言

供应链管理目前已经成为企业全球化、国际化、专业化分工经营中的必不可少的经营模式，但是企业在供应链运营中也会面临着一些内生和外生的随机因素所导致的风险，如供应链内部的供应不确定、需求不确定、信息不对称；供应链外部的突发事件风险如汇率风险、自然灾害风险、恐怖袭击等。特别是一些重大突发事件的发生，除了给人类生命、财产安全带来威胁外，还给全球化运营下的供应链带来极大的风险，导致企业日常稳定环境下追求的运营目标难以实现，甚至会带来灾难性的影响。自从"9・11"事件以来，供应链突发事件应急管理受到了广泛的关注，其主要原因在于：突发事件一旦发生，其风险在供应链上传播的速度快、范围广、破坏性大，应急管理难度较大。例如，1999 年台湾大地震对全球半导体市场所带来的冲击波（Papadakis and Ziemba[9]），2001 年美国恐怖袭击事件、2003 年的北美大停电事件、2008 的汶川大地震以及最近的 2011 年日本"3・11"大地震给全球经济所带来的灾难性影响。Hendricks and Singhal[10]对过去 10 年内的 827 次突发事件进行调查，发现经历过突发事件的企业在 3 年内，股票收益对比行业标杆减少 33%～40%。

由于供应链运营中存在的风险及不确定性因素对企业利润获取的可持续性带来了挑战，近年来，企业管理者的经营态度发生了很大的转变，他们不仅关心利润的获取，也开始注重获取预期利润的可能性以及利润获取过程中存在的风险。而供应链风险管理（Supply Chain Risk Management，SCRM）则是在这样的背景下形成和产生的，特别是在 9.11 事件后，形成了一个研究热潮，并从供应链风险管理重点转向了对供应链突发事件应急管理(Supply Chain Disruption Management)的研究。

2.2 供应链突发事件应急管理研究现状

1) 突发事件的界定

我国2007年实施的《中华人民共和国突发事件应对法》中将突发事件定义为:“突然发生的,造成或者可能造成严重社会危害,需要采取应急处置措施予以应对的自然灾害、事故灾难、公共卫生事件和社会安全事件。”突发事件可以从三个方面进行定义和分析:一是事件发生、发展的速度快,出乎意料;二是事件造成或者可能造成严重社会危害;三是必须采取紧急的应急措施。而对于“非常规突发事件”,也是最近三四年才出现的名词,国外的研究没有严格区分,“突发事件”对应的名称有“事件”(Incident、Events)、“极端事件”(Extreme Events),并将“极端事件”定义为:①非线性响应,会限制或破坏系统的正常运行;②很少,严重的,迅速发生;③来源于社会和自然环境等;④是人类、生物、生态和地球变化的驱动器;⑤产生交叉子系统影响,并可能导致灾难性的损失;⑥不总是对人构成危害,但具有更大程度的潜在影响。需要特别指出的是,供应链应急管理中常用的词汇“Disruption”(分裂,瓦解;破裂,毁坏;中断)在公共突发事件应急管理中可以找到相似的词汇,如“Incident”或“Events”(事件)、“Emergency”(紧急情况;突发事件;非常时刻)、“Extreme Events”(极端事件)。其中,“Extreme Events”定义是在1999—2000年美国科学研究基金项目中提出的,根据这一定义,被称之为“极端事件”的有切尔诺贝利事故、安德鲁飓风、大地震、海啸、极端股票市场波动、全球金融危机、由于恐怖主义袭击或系统故障导致的互联网瘫痪、主要能源和食品短缺、地区武装冲突、传染病流行、区域生态系统破坏等[65]。事件/突发事件由于影响力和破坏力的不同,可以分为事件和极端事件。在中国公共突发事件应急管理中,突发事件有“常规突发事件”(Emergency)和非常规突发事件(Unexpected Emergency)之分。

“非常规突发事件”的概念是在2008年国家自然科学基金委重大应急项目计划中提出的,主要是指前兆不充分,具有明显的复杂性特征和潜在次生衍生危害,破坏性严重,采用常规管理方式难以应对处置的突发事件。在此基础上,一些学者又对其概念进行了进一步阐述。韩传峰等人认为:“非常规突发事件特指社会没有或极少经历过的、缺乏对其演化规律的知识和处置经验的突发事件,分为自然灾难、事故灾难、公共卫生事件和社会安全事件四大类。”马庆国、王小毅认为非常规突发事件的发生概率低，甚至是有人类以来没有发生过的事件，多数人缺少甚至没有应对的知识，多数非常规突发事件有较为严重的次生灾害。康青春、郑儒欣等人指出：所谓非常规突发事件是指那些历史上不曾发生过（如“非典”“甲流感”事件），或者虽然发生过但是发生的条件、规模发生了很大变化（如南方雪灾、“汶川”地震等），且涉及范围极广、造成的影响极大、所需动用的救援资源远远超过本地（甚至本国）能力的事件。综合以上分析，非常规突发事件对应的国外术语是“极端事件”。

2）突发事件分类

不同性质的突发事件，其发生的性质、演化特征、灾害方式、影响后果都是不一样的，所以对不同的事件进行分类有助于决策者能有效地进行突发事件风险的防范和应急响应处置工作。我们分别从公共管理领域和企业/供应链运营管理领域对突发事件进行分类。

（1）公共管理领域非常规突发事件分类。①按照事件发生的诱因进行分类。2007 年 11 月 1 日实施的《中华人民共和国突发事件应对法》按照事件发生的诱因将非常规突发事件划分为：自然灾害、事故灾难、公共卫生事件和社会安全事件四大类。②按照事件本身是否可控进行分类。③按照事件主体是否蓄意进行分类。

（2）企业/供应链运营管理领域非常规突发事件分类。公共管理领域非常规突发事件分类对企业/供应链管理领域同样有效，因为企业/供应链运营领域的突发事件，除了供应链本身的原因之外，很多是由于公共突发事件掌控不力造成的。同时，即使是供应链其他环节出了问题，很大程度上也跟公共突发事件有关。当然，由于所处领域的不同，导致应急处置的方式有所不同，所以企业/供应链运营领域也需要对所处的突发事件类型进行分类。

企业/供应链中的突发事件应急管理并不涉及对突发事件的公共应急管理运作，所以对供应链突发事件的分类并不需要按照突发事件的诱因来进行分类。首先，可以从经营层面来对突发事件进行分类。通用汽车公司将经营运作中可能存在的失效事件进行分类，划分为战略脆弱性、财务脆弱性、运作脆弱性和灾难性脆弱性等四大可能的失效事件，并绘制成风险图谱，指导日常运作中的风险控制与应对。灾难性脆弱性突发事件就属于本课题研究的对象。其次，可以从供应链的失效模式来对事件进行分类。失效模式指的是不管发生的何种类型突发事件，只要导致企业/供应链业务流程某一业务单元中断，我们可以将供应链突发事件划分为供应突发事件、生产突发事件、需求突发事件、物流突发事件、信息流突发事件、资金流突发事件。

以上对供应链突发事件的分类根据突发事件作用于供应链的业务流程来进行分类，是较为常见的静态分类方法，并未考虑到突发事件发展的动态性。动态性反映了突发事件发展、演化的过程，突发事件的态势会改变，即突发事件的级别会改变，对资源的保障供给的要求也不一样。所以，对突发事件的动态分级分类与描述的研究是必要的，目前鲜有这方面的参考文献，在后面的章节中笔者试图用情景分析的思想来对供应链突发事件进行动态分类与描述，情景分析主要集中在突发事件前的情景思考与突发事件发生、发展中的情景演化。

3）供应链突发事件应急管理研究现状

应急管理（Disruption Management）的概念是由 Clausen et al[11] 首先提出，外在环境的突然变化使得原来的最优计划不能平稳进行，该类风险发生的概率比较小，人们难以确定其概率分布，并且一旦发生引起的损失是巨大的，所以这类风险的（应急）管理需要得到高度重视。Clausen et al 认为："应急是指一些关键性资源如人力或设备的相关活动在特定状态下严重偏离了原来的计划，从而必须要对其进行调整"。他们运用运筹学的观点明确给出了应急管理的定义及管理原则，并描述了应急管理在造船、电信、航空等领域的应用。另一位研究突发事件应急管理的学者 Yu Gang 也给出了类似的定义："应急状态是由运作系统内部和外部原因造成的，使得运作系统严重偏离了初始计划，并对系统运作绩效造成了严重的后果，因而必须做出应对措施[12]"。Yu Gang 将应急管理的思想运用于航空领域，开发出了航空公司应急管理的实时决策支持系统，且几乎被运用到美国任何一个航空公司，显著地提高了这些航空公司应对突发事件的实时响应能力，减少了航班延误和取消的班次，每年为航空公司节约了超过上千万美元的运作成本（Yu et al，2003[13]）。更值得一提的是，"9·11"事件发生后，该系统成功地帮助了美国大陆航空公司快速地从应急状态恢复至正常状态态，从而获得了行业内的竞争优势。而正是由于在突发事件实时应急运作管理领域的杰出贡献，Yu Gang 教授在 2002 年获得国际上管理科学应用的最高荣誉——Franz Edelman 管理科学成就奖。

需要说明的是，Yu Gang 教授运用运筹管理的方法解决突发事件下的航空公司调度问题一开始叫"实施运作控制与修复"（Real-time Operations Control and Recovery），后在其出版的 *Disruption Management：Framework，Models and Aplication* 一书中将其定义为应急管理，即"干扰行为或事件使计划执行过程偏离原计划的前提下，使之动态地恢复到原先计划状态的一门管理方法"，并提出应急管理包括预案管理、鲁棒优化、随机模型和实时应急管理。预案管理，把可能发生的情况一一列举出来，制订解决步骤。比如说中国发现非典问题，马上考虑到一整套方案，先怎么隔离，然后怎么报警，怎么急救怎么消毒，制定一整套解决方案。鲁棒优化，考虑应急事件发生的时候以不变应万变，因为系统留有充分的余地，现在出了问题对系统的损害和干扰可以被系统所吸收。随机模型，若某个决策需重复做，应考虑紧急事件的发生概率，以优化期望利益。实时应急管理，遇到事情之后灵活实时做出最好的决策。例如，航空业假如出了某个应急事件包括天气问题，机械故障等，实时可以做出决策，晚点或取消航班，转运乘客，调换飞机等很多办法使得系统能够很快地恢复正常。

随后，Yu Gang 教授的研究团队成员特别是 Qi XT 开创了突发性需求下的突发事件应急管理的先河，国内学者许明辉、于辉、肖条军等也在这个方向上做出了较为出色的研究。紧接着，国外的一些知名学者如 Tomlin、Tang、Snyder 从供应的角度研究突发事件导致供应中断下的供应链应急管理。从 2007 年开始，上海交通大学的季建华教授的研究团队在突发事件应急管理研究领域也出现了一大批研究成果，相关的学者包括：季建华、包兴、盛方正、刘希龙等，研究成果主要集中在供应中断与生产运营系统中断环境下的供应链应急运作管理与鲁棒计划。

2.3　突发事件风险识别、预警与评估

目前，对供应链突发事件风险识别、预警与评估，大多数文献还是沿用供应链风险研究的思路，并没有对供应链风险管理和供应链应急管理的流程中的风险识别、预警与评估做出严格区分。国内外学者从不同角度提出了供应链风险管理框架，比较有代表性的有：克兰菲尔德管理学院（Crandfield School of Management）于 2002 年提出的一个四阶段 SCRM 框架，分别为供应链范围和构成要素描绘、供应链脆弱性和风险识别、风险评估、供应链风险管理。Johnson (2004)[14]对玩具行业的供应链风险进行了案例研究。玩具产品季节性强，并且供应链跨越亚洲、北美等地区，供应链长，供应链风险管理难度大。作者从产品需求和产品供应出发，识别了玩具供应链中存在的风险，如季节性不均衡、时尚变化、新产品导入、产品生命周期短、生产制造能力与物流能力波动、政治等因素造成的不确定性，并整理了应对措施。马林[15]提出了基于 SCOR 模型的供应链

风险、评估与一体化管理框架，并将风险因素划分为计划流程风险因素、采购流程风险因素、制造流程风险因素、配送流程风险因素和退货流程风险因素。张以彬、陈俊芳(2008)[16]提出了一个供应链风险的识别框架，将供应链风险分为供应风险、协调风险和需求风险，而每种风险又有中断和延迟两个维度，从而识别出六种组合风险。Waters[17]提出了一个包括风险识别、风险分析和风险控制的供应链风险管理框架。

1）风险识别

Wu et al[18]认为供应链风险管理流程中的风险识别阶段关系到供应链风险管理的成功与否，它能够通过鉴别组织内部重要的活动以及活动相关的风险，从而使得组织对面临的不确定风险的识别成为可能。Hauser[19]在其提出的风险调节的供应链管理框架(Risk-adjusted Supply Chain Management Framework)中设计了一个风险识别环节系统，包含了从分析风险因子到形成风险组合等步骤，能帮助一个组织对供应链中隐藏的风险进行识别、量化和排序。Adhitya et al[20]将化工流程风险管理中的 HAZOP(HAZOP = Hazard and Operability Analysis，危险与可操作性分析，简称 HAZOP 安全分析。HAZOP 是以系统工程为基础的一种可用于定性分析或定量评价的危险性评价方法，用于探明生产装置和工艺过程中的危险及其原因，寻求必要对策)方法运用于对供应链风险识别的分析，这种方法可以通过对不同的供应链参数进行随机偏差分析进行风险识别，可以识别风险产生的原因、后果以及防范与缓解措施，并以一个炼油厂供应链系统为具体案例进行实证分析。Neiger et al[21]将基于价值的流程工艺(Value-focused Process Engineering)方法运用于对供应链风险的识别。作者从全面风险管理视角，在将供应链视为一组相互连接的价值增值流程的基础上对风险进行建模。Chang[22]提出一种基于稀疏矩阵的 VaR 模型，将其运用于对供电网络的风险识别，相比传统的方法如概率分析和敏感性分析而言，稀疏矩阵在风险评估上具有良好的计算性和有效性。宁钟和王雅青[23]运用情景规划法(Scenario Planning)研究如何识别供应链中突发事件的风险。

2）风险预警

风险预警是一种风险或突发事件发生前的预防措施，有助于防止风险的爆发和蔓延。Tomlin and Snyder[24]研究了威胁建议系统(Threat Level System)在供应链风险与应急管理中的价值，文中采用的是周期检查的库存策略来对风险进行应对。许明辉[25]提出了基于信息系统的预警功能和解决方案的思路，利用两个阈值来表达风险事件的严重程度，只有当问题严重程度超过最大阈值时，才采用应急管理，否则继续检测事态的发展。Towill et al[26]采用了控制工程的理论和方法来系统分析供应链中的信息流传递和处理机制，通过在供应链中实现信息滤波器功能的方法来对供应链中信息流的传递和处理进行监控。于辉、陈剑[27]研究了没有突发事件持续时间信息条件下，利用局内决策理论与方法构建了单个企业启动应急预案的方案，指出分散决策会造成企业启动预案时间的扭曲，并给出了突发事件下的启动预案的援助协调机制。盛方正等[28]在假设供应链上的企业可以收集到突发事件部分的相关信息，研究了类似的应急预案启动问题，主要研究面对突发事件时，如何启动应急预案。包兴[29]认为现有的文献研究的是具体运作系统在运行时的参数异常监控，未来还需要对供应链应急运作的机理进一步深入研究，以便提出适合供应链应急预警系统的框架和方案。

3）风险评估

Prater[30]提出了跨国供应链风险评分方法，并用5个案例展示了方法的运用。Hallikas et al[31]分别将概率和后果分为5个等级(风险概率等级分为非常不可能、不可能、中等可能、可能、非常可能；风险后果等级分为无影响、小影响、中等影响、严重影响、灾难性影响)。从风险事件发生的概率(Probability)和后果(Consequence)的角度半定量化(Semi-Quantitative)地研究了供应链风险的评估问题，其主要目的是帮助企业对内外部环境风险有更好的认识。Alvarez et al[32]着重研究了食物供应链(Food Supply Chain)应对恐怖主义和犯罪污染的供应链脆弱性与风险评估问题。刘家国[33]等对供应链脆弱性削减机制进行了实证研究，研究表明：供应链弹性对供应链脆弱性有着直接而显著的影响作用；供应链柔性对供应链弹性具有积极的促进作用，并通过供应链弹性对供应链脆弱性产生影响；供应链敏捷性对供应链脆弱性没有直接的影响作用，但可以通过供应链弹性来影响供应链脆弱性。Zsidisin et al[34]从代理视角研究了供应风险评估的相关技术，主要目的是研究供应商质量问题，改善供应商流程以及降低供应中断的概率，文中以两个制造业的案例进行实证研究。肖美丹等[35]考虑了供应链的风险因素具有很大的不确定性，无法根据历史数据或资料对风险做出准确估计，只能依靠专家或决策人员根据自身经验和知识对风险做出主观估计，而这种主观估计即专家意见具有未确知性。基于此，作者采用了未确知模糊综合评判法来评估供应链风险，从而一定程度上解决了风险评估中“未确知风险”和“模糊性”带来的不确定性问题。Tuncel and Alpan[36]运用案例实证研究了供应链网络的风险评估和管理问题，首先用Petri net框架对供应链网络风险进行建模和分析，并运用FMECA(Failure Mode, Effects and Criticality Analysis)技术研究了供应链网络中的突发事件因子(Disruption Factor),进而将风险管理流程集成到供应链网络的设计、规划和绩效评估流程中。

2.4 突发事件应急运作管理

当突发事件对供应链运营系统造成冲击后,企业需要根据突发事件冲击的不同类型做出应急决策。对处于供应链上的节点企业来说,突发事件的影响可能发生在企业自身的运营环节,即造成自身的生产运营系统中断;突发事件也可能发生在企业的下游环节,造成企业的需求中断;突发事件也可能发生在企业的上游环节,造成企业生产所需要的原材料、零部件供应中断。所以,按照这种划分方法,可以将供应链企业的应急运作管理划分为:生产侧突发事件应急管理、需求侧突发事件应急管理和供应侧突发事件应急管理。

1) 生产侧突发事件应急管理

生产侧突发事件应急管理的研究主要是针对突发事件发生之后企业对自身生产或运作能力进行应急调度方面的研究。Akturk and Gorgulu[37]最早研究了设备停机下的更改原有生产计划以匹配初始计划的问题,通过一个反馈机制确定了匹配点并证明了新的计划能够提高系统的运作质量和稳定性。Guo and Nonaka[38]、Schmidt[39]研究了因故障导致有限的设备可得性情况下的生产计划制定问题。Xia et al[40]研究了两阶段生产和库存控制系统的实时应急管理(Real-time Disruption Management)问题,作者考虑了突发风险下的新生产计划偏离原有生产计划会导致背离成本,并引入恢复时间窗来研究在生产运营周期内如何对不同种类的突发事件风险进行应对。Zhu et al[41]从资源受约束的角度研究了应急情况下工程项目的生产计划再安排问题。Qi et al[42]考察了初始生产计划为 SPT(Shortest Processing Time)规则时,生产进行过程中发生随机或可预见应急中断发生后的机器调度问题,给出了相应的次优的生产排程模型并进行了数值求解。包兴[43]研究了突发事件导致生产运营系统或服务系统中断下的运营系统的多周期能力恢复问题,考虑了两种能力恢复如应急能力采购、运营系统本身的能力恢复的优化决策,并且在能力恢复优化中引入了管理者风险态度因子。

2) 需求侧突发事件应急管理

在如何应对供应链突发性需求风险上,Qi et al[44]首次研究了确定性突发需求(需求是价格的线性函数)下的由一个供应商和一个制造商构成的供应链如何应对突发事件，并提出类似数量折扣的契约来协调供应链，得到了突发事件下的最优订货量决策；同时进一步指出了利用应急管理策略能够缓冲当产量变化引起的偏差费用，从而使供应链利润最大化，否则就会出现双边际现象（Double Marginalization）。Xu et al[45]将该模型扩展到需求价格关系为非线性情况时，得到了类似的结论，但不同的是当需求变动比较大时，零售价格维持在一定的水平保持不变。Xu and Gao[46]研究了当生产成本是生产数量的凸函数时，当需求出现扰动时，如何进行集成化的最优决策及如何设定新的协调策略来协调突发性需求环境下的供应链。基于同样的研究思路，Xiao et al[47]研究了由一个供应商和两个竞争的制造商构成的供应链应对突发事件下的最优订货量决策。Xiao and Qi[48]考虑了突发事件同时造成生产成本和需求扰动下的供应链如何应对突发事件。Chen and Xiao[49]研究了如何协调由一个制造商、一个主导制造商和多个制造商构成的供应链应对突发事件，并比较了两种契约如线性数量折扣和批发价契约的优劣性。于辉、陈剑和于刚[50,51]则分别研究了突发事件造成市场需求敏感系数发生变化和随机需求分布函数发生变化的情况下，如何运用批发价契约协调供应链应对突发事件。张菊亮和陈剑[52]研究了突发事件造成供应商成本发生扰动情况下，供应商管理库存下的供应链如何运用抗突发事件的未售货物补偿合约使得突发事件后的供应链继续合作。以上文献考虑的是当突发事件造成供应链需求侧扰动的情况下，如何运用一定的契约对产品价格进行协调以平衡应对产量扩张或缩减所带来的额外生产成本。

朱传波、季建华和陈祥国[53]考虑的则是正的外部突发性需求下的供应链能力扩张决策及应急协调问题，研究的不同点有：①突发性需求下的价格是外生变量，这与上述文献具有明显不同之处。作者考虑的是，在现实中，由于企业的品牌效应以及政府对民生健康的产品的价格管制，很少有企业能将全部成本通过价格调整转嫁给消费者；②以往的文献假设突发性需求信息对供应链成员来说是对称的，作者考虑了突发性需求信息不对称的情况，这种道德风险问题在供应链运营中常见的。该文分别对突发性需求信息对称且完全、对称但不完全、不对称三种情形下的供应链能力决策进行了协调，并进行了分析和比较。上述文献关注的是突发性需求一旦发生后的契约重新调整设计等事后应对措施等问题。杜少甫等[54]关注于决策主体根据对潜在突发危机以及需求的危急性的信念做出事前优化分析，并且考虑到突发危机对市场需求的双向影响，提出突发危机依赖需求并特别关注到了伴随突发危机可能出现的负需求现象，以此为基础构建基于两阶段供应链的报童模型，探讨了突发危机的随机特征及需求的危机依赖性对各方决策的影响。莎娜、季建华、陈祥国[55]将情景分析运用于对突发事件导致需求变化下的供应链情景应急管理研究。彭静等[56]研究双渠道供应链系统应对需求和生产成本双扰动的生产策略和协调机制。覃艳华[57]研究突发事件造成销售价格敏感系数、回收价格敏感系数、制造成本和再制造成本同时扰动下的闭环供应链协调策略。魏兴光等[58]研究数量折扣契约下基于成本分担的供应链突发事件协调应对。

3）供应侧突发事件应急管理

供应侧突发事件应急管理，主要针对供应链上游企业供应商的生产运营系统遭到突发事件的冲击后，使得供应链下游企业制造商的物料供应中断。那么，制造商如何制定供应中断风险的防范和应急？防范和应急措施包括：库存管理、供应商选择的策略、保险、对供应商进行可靠性以及恢复能力的投资与援助策略、需求应对等，其目标是建立弹性的供应链应对突发事件。Sheffi (2005)[59,60]、Tang (2006b)[61]定性分析了建立弹性供应链的框架与策略，文中分析了供应链可以从哪些方面来防范突发事件风险，部分包括了前面所述的防范措施，如缓冲库存、冗余供应商等。

(1)维持链条资源的冗余。通过库存决策应对突发事件风险，研究大都是基于单源供应体系，主要研究供应商的生产运营系统随机中断下的供应链的最优库存控制，随机中断的表示方法有两种：一是将供应的可得性描述为“All or Nothing”过程，即供应商能以一定的概率能完全供货、以一定的概率完全不能供货，这方面的代表性文献有 Parlar et al[62]、Ozekici and Parlar[63]、Gullu et al[64]、Song and Zipkin[65]、Synder[66]、Schmitt and Snyder[67]、Qi et al[68]等。其中，Schmitt and Snyder 指出：相比多周期模型而言，单周期模型导致成本增加、对可靠供应商的使用不足，即使用单周期模型会使得企业在缓解风险方面选择错误的策略。Qi et al 则同时考虑了突发事件可能发生在供应商和制造商的情景下，供应链的库存控制问题。二是假设供应商存在随机的中断期，这方面的代表性文献有：Parlar[69]、Mohebbi[70]、Mohebbi and Hao[71]等，其中 Mohebbi and Hao 研究了随机提前期和供应随机中断下的(s，Q)库存控制模型。

通过对供应商的选择应对突发事件风险，研究主要集中在多源供应体系下的供应商的排序、选择(包括后备供应)和最优订单分配。Snyder and Shen[72]比较了需求不确定和供应不确定下冗余供应商的不同作用，指出冗余供应商策略对预防供应中断风险以及供应中断发生之后如何缓解供应矛盾起着至关重要的作用。Berger et al[73]通过一个简单的决策树模型揭示了企业面临发生概率极低的超级事件(Supper Event)下,只会选择双源供应模式,而当突发事件发生概率变大时,却仅仅选择单源供应的模式。Ruiz-Torres and Mahmoodi[74]针对供应商失效风险问题,运用决策树方法确定供应商的优选数量,并根据供应商失效概率相同和不同两种情况给出了更具现实意义的决策模型。Federgruen and Yang[75]、Dada et al[76]、Burke et al[8]、Tang and kouvelis[77]基于随机产出模型(Random Yield)研究了供应商的选择与订货分配。He and Zhang[78]进一步研究供应商不可靠时,二手市场的存在对企业采购行为及对供应链绩效的影响。

Tomlin[79]考虑了由一个可靠的供应商和一个不可靠供应商组成的供应体系,不可靠的供应商存在随机的中断期,指出了当供应商的成本与可靠性程度同质性程度越高,双源供应在应对供应中断风险方面的效果较明显。Hu and Kostamis[80]同样考虑了由一个可靠的供应商和一个不可靠供应商组成的供应体系。Xanthopoulos et al[81]分别研究双源供应体系下的风险中性与风险规避决策者的最优订货决策。Bundschuh et al[82]、刘希龙和季建华[83]指出多源供应网络能显著降低供应网络中断数量,提高输出均值,降低输出标准差,提高供应网络的弹性。张文杰[84]通过对比突发事件下单源采购和多元采购企业的订货数量以及利润情况,证明了维持可靠供应商多源采购策略应对突发事件的有效性。李斌[85]针对多供应商多源采购问题,给出了具有鲁棒性冗余订货数量确定方法,以应对突发事件带来的不确定影响。

后备供应的研究主要集中在突发事件风险下的正常订货水平、能力备份参数的优化问题,以及相应的供应链协调问题,这方面的代表文献有 Panos and Li[86]、Chopra et al[87]、Hou et al[88]。Fang et al[89]则同时考虑了多源供应和后备供应,研究结果显示:三个以上的额外供应商带来更少的边际利润;在非后备供应商的供应前置期为 0 的情况下,企业更偏好于双源采购。

(2)优化成员的合作形式。优化供应链成员之间的合作形式,是指与链上成员之间构建横向联合库存或转运库存,针对这种应对策略的研究成果比较丰富,研究热度不是很高。Wilson[90]在研究运输过程发生突发事件所造成的消极影响时,引入了系统动力学模型,结果表明供应商管理库存抗突发事件的能力强于传统库存模式。杨建华[91]通过比较突发事件发生之后,独立应对与实施横向虚拟联合库存应急策略两种情况下的期望成本,证明了横向虚拟联合库存策略应对突发事件的有效性。孙琦[92]利用库存决策模型,讨论了在应对突发事件时,供应链网络中横向联合库存策略的实施以及企业联盟数量的确定问题。胡杰、张毕西[93]研究 VMI 下供应链应对突发事件的协调策略。

陈敬贤[94]借助非合作博弈模型，讨论了两个销售商之间转载库存应对突发事件变动的情形，得到销售商库存共享策略可以增加他们期望利润的结论。李雪莲[95]也做了相似研究，他们建立了混合整数规划模型使用遗传算法进行求解，为零售商在供应突然中断下横向转运提供了决策方案。李丛[96]还提出了一种建立藕节型供应链应对策略，一旦突发事件爆发，企业之间原本密切的联系看似被隔断了，但是它们之间仍然可以通过粘连的藕丝互相沟通，担心受到突发事件波及的其他成员企业也会迫于压力出手援助，不至于出现链条完全中断的情形。

(3)突发事件前的防范应对。目前，有少量文献在传统的有关库存、采购决策的模型上，引入保险决策变量。林志炳等(2009)[97]与 Lin et al(2010)[98]在研究需求不确定下的供应链协调时，将附免赔额保险契约引入到报童模型中，发现一定条件下的保险契约也可以协调供应链，并研究了保险契约与收益共享契约的区别。需要指出的是，上述文献研究的保险指的是供应链下游企业支付一定的保险费来换取上游企业附免赔额的保险承诺，这实际上是供应链内部转移支付或者是关于供应链协调的研究。Dong and Tomlin (2010)[99]在风险管理模型中引入营业中断险变量，研究保险与库存、应急采购之间的风险规避组合策略。Dong and Tomlin 是首次将外部保险与运营结合起来对供应突发事件应急管理进行研究的学者。从实践来看，国内开展相关的营业中断险业务的保险公司较少，且不能单独购买，是一种附加险，必须要依附于物质损失保险合同。

面对突发事件风险，一方面可以通过防范措施对运营设施或流程进行可靠性改善来降低突发事件发生的概率，另一方面，也可以通过相应的应急处置措施(如受损能力恢复)来降低突发事件所导致的损失。供应商可靠性改善方面，Bakshi and Kleindorfer[100]从竞争和合作(Co-petition)的视角研究上下游成员间建立弹性供应链的投资优化问题。Wang et al(2009)[101]从双源供应、供应流程改善的视角研究缓解供应风险的策略组合，并认为双源供应与流程改善的联合策略能够提供较好的应急价值。Liu et al(2009)[102]以改善供应过程的可靠性为视角，主要研究了供应可靠性改善的价值以及相关成本参数对单位改善投资的影响。

尽管现在有些企业在防范突发事件上做出了努力，但是由于突发事件源难以控制(特别是对于诸如地震、海啸、恐怖袭击等)或经济意义上的不可行，因此，突发事件下，预先的资源部署和周到的应急恢复计划对受损企业及其上下游企业来说，就显得尤为重要。目前，有关供应链恢复决策的研究主要可以分为两类。一类是研究供应链恢复的契约设计。盛方正和季建华[103]研究了突发事件下的供应中断恢复问题,并分析了制造商订单拖欠成本(商誉成本)是私有信息时,供应商如何设计恢复能力契约以防范道德风险。Kim et al[104]研究了突发事件风险下有关生产运营设施恢复的委托代理问题,制造商运用基于绩效的契约(Performance-Based Contract)来激励做专业性维护和恢复的供应商在事前进行恢复能力投资,并对两种激励机制(累积绩效契约和平均绩效契约)下的供应商最优恢复能力进行比较。严格意义上,Kim et al 研究的不是一个传统意义上的供应链,因为供应商与制造商之间并不存在正常的供货关系,而是通过临时的契约将双方联系在一起,且只有当突发事件发生了两者才产生交易。Hu et al[105]研究了供应链下游企业制造商在面临供应中断风险的情况下,运用价格和订货量契约(如果供应商进行生产能力恢复,制造商给予更高的订货量和价格)引导供应商进行恢复能力投资,主要分析和比较了两种契约机制(突发事件前的承诺契约、突发事件后的承诺契约)下的供应商最优恢复能力投资。另一类是研究供应链恢复的运营问题。Kim and Tomlin[106]研究了突发事件风险下一个存在相互依存关系的子系统(一个子系统的失效可能会引发另外一个子系统失效)所组成的一个技术系统(如发电厂的锅炉系统和涡轮机系统)的恢复能力投资决策,并对集权供应链与分权供应链两种情况进行了比较分析。包兴[107]基于突发事件后能力受损的大型运作系统,从内部能力恢复和外部能力采购两个方面构建了多阶段能力应急模型。于辉等[108]并分别考虑了供应商发生突发事件和零售商发生突发事件下的供应链应急援助决策问题,研究了在一定置信水平控制下的最优援助额。安智宇和周晶[109]运用 q_i 研究了供应商违约风险下的报童订货决策问题,所使用的模型属于随机中断模型(Random Disruption)。孟翠翠[110]等从柔性能力的视角对供应链突发事件应急管理研究进行了述评。

从模型本身的构建来看,目前对供应风险/突发事件应急管理的研究主要基于三种模型:随机产能(Random Capacity)、随机产出(Random Yield)、随机中断(Random Disruption),主要研究供应不可靠下的企业/供应链的采购与库存决策。在随机产能模型中,假设产能是有限的并独立于订单数量,供应商交货量要小于采购商的订单量和实现的产能,可以用 $\min(k-\xi,q)$ 来表示。其中,k 为原有的产能,ξ 为损失的产能,q 为下游订货量。在随机产出模型中,假设供应商的产能是无穷的,供应商的交货量是采购商订单量的随机比例(random fraction),可以用 ξq 来表示。其中 ξ 为可以交换的比例。在随机中断模型中,假设供应商是不可靠的，其交货量要么是采购商订单量的100%，要么是0%，可以用 $\xi q = \begin{Bmatrix} 0 \\ 1 \end{Bmatrix} q$ 来表示。其中，ξ 为伯努利变量。可以认为随机中断模型是随机产出模型的特殊情况。在研究突发事件风险防范与恢复方面的模型中，现有的文献假设在系统失效下，系统的恢复或修复时间（从瘫痪状态到运营状态所经历的时间）服从于一个随机分布，如Kim and Tomlin假设恢复的时间服从于指数分布；包兴[70]假设突发事件造成运营系统失效后，系统的恢复的时间、市场的应急能力采购均服从于一个随机分布。

2.5 供应突发事件应急管理模型

目前，相关文献中涉及管理者的订货或库存决策中，往往用随机产出模型来刻画供应风险下企业或供应链的运营目标，用随机中断模型来刻画供应突发事件下的企业或供应链的运营目标，决策变量是订货量。实际上，随机中断风险是随机产出模型的特殊情况，所以，目前描述供应风险或供应突发事件风险绝大多数模型使用的是随机产出模型。实际上，随机产出模型也可以刻画突发事件风险下的供应链运营目标，因为常规的突发事件风险一般并不会导致供应商的生产设施与生产能力完全破坏。

随机产出模型中，目前采用供应商的交货量占采购商订单量的随机比例来刻画供应商的可靠性或采购商的供应风险，且假设这个比例系数为随机变量。相关研究中，分析了供应商可靠性的均值对供应链订货量与分配决策的影响，例如，Burke et al、Dada et al的相关研究。实际上，期望值或均值反映的是可靠性的平均程度，用来描述一般性的扰动风险是合适的，但是用来描述突发事件风险需要结合可靠性的方差或标准差来反映可靠性的波动程度，并需要研究供应商可靠性变异性或可靠稳定性对供应链订货量和利润的影响，以及对供应链下游企业的价值所在。目前，这方面的研究不多见，并结合供应商可靠性改善以降低供应商可靠性的变异性进行分析和研究就更为少见。

2.6 供应突发事件风险度量

目前，大多数文献对供应风险的度量是建立在风险中性（期望值）的基础上。实际上，对于企业来说，其面临的供应风险有多种，有常规性的干扰风险如供应商的供应不确定、常规突发事件风险、非常规突发事件风险或极端事件风险等。对于管理者和决策者来说，其最关心的是与一个具体事件相关的风险，而不是由不同风险情况引发的平均不利结果的可能性。从这个意义上讲，目前仍在大多数风险分析中占统治地位的风险期望值非但不够充分，而且可能导致谬误的结果和解释。

下面，以地下水系统中污染物的浓度为例进行说明。假设事件 A 产生的污染物浓度 $X_1=2$pbb 和事件 B 产生的污染物浓度 $X_2=20\ 000$pbb 分别拥有概率 $P_1=0.1$ 和 $P_2=0.000\ 01$，对总期望值产生同样的贡献。然而对于决策者来说，相对低可能性(地下水的浓度有 20 000ppb)的灾难性污染决不可与高可能性低浓度 0.2ppb 的污染同日而语。由于数据平滑的特性，在这个事例中，就是因为风险期望值并没有突出灾难事件及它们的后果，因而歪曲了对作为不可接受的风险的感知。事实上，通常人们不是风险中性的，相对于经常发生的小危害事故，他们更关心低概率的灾难事件且这类事件是风险极度规避的。值得注意的是，管理者在他们的任期内所做的“好的”决策的数目并不是受奖、提升和晋级的唯一依据；然而，它们却可能由于任何一个灾难性的决策而被罚，尽管任期内该类决定做得很少。所以，对于管理者来说，在对突发事件进行风险度量时，需要将这种风险从一般性风险中分割出来。

目前，部分文献在研究企业如何应对风险时，考虑到了管理者的风险态度，其中 VaR(Value at risk)和 CVaR(Conditional Value at Risk)风险度量准则常被用来刻画管理者的风险态度。只不过，VaR 和 CVaR 在刻画管理者面临的需求侧风险时，现有的模型大都针对的是一般需求扰动风险。VaR 方法将注意力集中在一定置信水平下的分位点上最大的预计损失，CVaR 方法代表了超额损失的平均水平，反映了损失额超过 VaR 时可能遭受的平均损失。从 VaR 和 CVaR 在供应链风险中的应用来看，集中在需求风险或需求不确定上的报童订货决策。例如，Tapiero(2005)[111]将研究需求风险下的库存管理时，将 VaR 引入到库存管理决策中，并指出 VaR 是量化库存风险的一种有效方法；Gan et al[112]、陈菊红和郭福利[113]、赵道致和何龙飞[114]、黄松等[115]研究了 VaR 约束下的供应链订货决策及协调契约；Ozler et al[116]进一步研究了 VaR 约束下的多产品报童问题。相比较 VaR，CVaR 具有良好的计算性质，满足规划性质和可加性，有关两种准则的比较具体可以参考 Rockafeller and Uryasev[117]、Rockafeller and Uryasev[118]、Chen et al(2009)[119]。近年来，CVaR 也逐步运用于对供应链风险控制的研究中，主要研究供应链的订货决策问题，如高文军和陈菊红[120]、

Chiu and Choi[121]、Gotoh and Takano[122]、许明辉等[123]、周艳菊等(2006)[124]、柳健和罗春林[125]运用CVaR研究了需求扰动风险下具有风险规避特性的报童订货问题。叶飞等[126]运用CVaR研究了需求不确定风险下具有风险规避特性的农户的生产决策问题。于辉和甄学平[127]运用CVaR研究了银行利率决策问题。目前,只有少量文献运用CVaR研究了供应中断风险下的供应链突发事件应急管理,如于辉等[108]、安智宇和周晶[109]、霍良安等[128]。

2.7 供应突发事件研究方法

目前,对突发事件应急决策的研究,主要是基于概率预测的数量模型研究方法,这实质上是建立在单点预测的基础上,即假设突发事件发生有一个概率、造成的风险程度、发生在供应链中的一个特定环节。但事实上:①突发事件发生的类型(可控或不可控、常规或非常规、有一定认知或没有认知)、危害程度、发生在供应链中的哪个环节事实上大都是未知的,也就是说风险的发生可能以多种情景出现;②突发事件尤其是非常规突发事件的发生不是静态的,突发事件后可能有次生灾害,如地震可能导致泥石流、大面积停电,进而又可能产生其他次生灾害;也就是说,突发事件的风险不是静态的、孤立的,而是以动态的、风险影响程度时刻在变化的方式呈现。所以,以往的通过单点预测的风险管理方法,其有效性值得商榷,管理者需要用新的风阀来描述和刻画风险,为预案管理提供决策支持。针对这一问题,情景规划/分析方法或许能在突发事件风险中发挥应有的作用。

情景分析在突发事件应急管理中的应用可以分为两种应用领域:供应链突发事件应急管理和公共突发事件应急管理。目前,情景分析法在两种应用领域的研究思路是不同的。企业/供应链突发事件中的情景分析属于静态分析,即组织可能面对的突发事件进行系统思考,对可能导致组织业务中断的关键驱动力量进行分析,并对关键驱动力量进行分析评估、整理归类,识别出两到三个不确定主轴,然后对每一种风险情景进行分析比较,思考各种情景下可能需要的防范措施和应急方案,而这种分析在文献中属于情景应急预案分析。但是,实际所发生的情况往往与预案中所假设的情景不符,甚至是完全出乎预料。所以,一旦预案不可用或失效,管理者需要根据实际所发生的情况对原先的预案进行修改和完善,这种分析属于动态情景分析。动态情景分析可以运用于对突发事件发生、发展和演变中情景演变的可能性、影响程度进行分析,并在情景判定的基础上,快速制定可行的应急响应措施，对管理者的临机决策能力要求较高。

2008 年前，情景分析在应急管理中的应用，主要集中在企业与供应链管理领域。从国内来看，2008 年后，情景分析在公共突发事件应急管理中得到了较好的应用，这主要得益于 2008 年国家自然科学基金委启动实施了“非常规突发事件应急管理研究”重大研究计划的资助。鉴于公共突发事件的特点如灾害发生的时空特征并伴有次生灾害、灾害人群的疏散的复杂性，情景分析在对公共突发事件尤其是非常规突发事件的动态应急管理上的应用具有独到的优势。公共突发事件情景应急管理的成果主要集中在是从风险认知视角研究突发事件的知识表达和演化机理，如姜卉、黄钧[129]、袁晓芳等[130]研究了非常规突发事件应急决策中的情景演变的知识表达，构建了非常规突发事件情景分析方法的流程，并对情景进行推理分析。陈刚等[131]主要分析了非常规突发事件的事态情景演化机理、响应情景演化机理和事态—响应耦合机理，并构建了非常规突发事件的事态—响应的集群模式。杨保华等[132]运用 GERTS 网络的构模原理来描述非常规突发事件风险的演化过程，给出了带有不确定参数的非常规突发事件情景推演 GERTS 网络的仿真算法。王颜新等[133]考虑非常规突发事件应对过程中的信息缺失，运用模糊推理规则建立事件的参考情景模型，辅助决策者对突发事件的发生、发展情况进行描述和态势预测。刘铁民[134]提出了以“情景—任务—能力”为技术路线的应急预案编制方法，并对基于“情景”的应急预案结构、内容及其分类方法进行了分析。詹承豫[135]针对突发事件应急预案在实践中遇到的缺乏针对性和可操作性的困境，从风险评估基础上的参与式编制、特殊情景下的授权与监督、加强应急预案演练等方面提出对策建议。黄毅宇、李响[136]强调从情景模拟中提炼出突发事件的应急行为策略，以改善应急预案的预见性、完备性和可操作性。

目前，情景分析在企业应急管理中的应用主要集中在世界 500 强企业。根据 Rigby and Aboideau[137]对 8 500 名经理人的调查显示：现在运用情景规划技术的公司的比例为 70%，而“9・11”事件之前的比例为 38%。Worthington et al[138]认为将情景规划运用于企业对突发事件应急管理，可以提升企业的革新能力，并给出了具体的案例解读。Kennedy et al[139]认为情景分析应该体现在从短期策略到长期战略决策制定的每一个环节中，并以 9.11 恐怖袭击事件为背景，用情景分析法研究了企业在面对各种潜在的运作风险和调整时应如何制定各级战略发展计划和应急决策。Chang et al[140]基于水灾应急救援的情景，研究了一种旨在指导政府机构进行灾后应急物流调度的决策支持工具。他们将水灾应急物流的不确定性问题构建为两个随机规划模型来确定应急资源的配置，决策变量包括救援组织结构、救援资源仓库地点、能力约束下的应急资源分配和应急资源配送。

对于企业或供应链来说，管理者对其运营中出现的各种风险情景做出分析，以提高应急管理的情境化、可视化。总体来看，情景分析法运用于供应链突发事件应急管理的相关研究相对较少，而有关供应突发事件应急管理的情景研究就更少，目前还缺乏供应风险/突发事件风险方面的情景分析研究，如供应突发事件应急管理情景分析框架、情景应急模式/范式，以及针对各种情景范式下的管理决策优化等。

2.8 本章小结

本章对供应链突发事件应急管理领域的相关文献进行了回顾，重点对供应链突发事件前的风险识别、预警与评估、事后的应急运作管理相关文献进行回顾和综述，并对供应突发事件应急管理的模型、风险度量方法、应对方法等评述。

(1)目前的定量化研究大都是建立在“预测—应对”的基础上，且一般是“单点”决策，如订货量、库存、恢复决策，缺少企业/供应链应急管理的战略框架思维。虽然，有零星的几篇文献将情景分析法在供应链风险管理中已经一定的应用，但针对的只是供应链风险管理中的某一个流程如风险识别、供应链中的需求环节风险，还缺少从供应环节且能将供应链风险应急管理中的相关决策如订货、库存、可靠性改善与恢复决策纳入到一个框架进行分析，以拓展供应链应急管理的思维方式，这也为本书的研究提供了一定的研究空间。

(2)绝大多数文献对风险的度量是建立在管理者风险态度是中性基础之上的，所运用的模型是期望值模型。前面，我们已经说明了在风险度量中如何将小概率事件的风险与常规风险区别开来的重要性。目前，在金融领域应用广泛运用的在险价值(Value at Risk，VaR)和条件风险值(Conditional Value at Risk，CVaR)在供应链运营决策中得到了一定的应用，但是其应用的对象大都针对的是需求风险，针对供应中断风险的 CVaR 应用还较少，这也为本书的研究提供了一定的研究空间，如针对供应突发事件下的订货量决策、供应链恢复能力投资决策等。

第3章
基于情景分析的供应中断风险识别、防范与预警

3.1 引言

由第2章文献综述部分可知，在供应链突发事件应急管理领域，其研究方法多是建立在：针对某种失效模式如供应中断、生产中断、物流中断或需求中断等，给定造成该失效模式如供应中断的突发事件源（如地震、海啸、恐怖袭击、金融危机等）发生的可能性或概率，构建相应情景下的数理模型并对决策变量进行优化，如订货决策、库存决策、应急能力采购决策、供应链的风险防范能力和应急恢复能力投资决策等。以上可看出，现有的研究主要建立在单一可能性的“预测—应对”。但是，在实际的供应链运营中，突发事件风险发生的可能性、发生在供应链的哪个具体的节点以及以什么形式（发生的类型、强度等）发生，企业管理者未必能知晓或准确预测，传统的“预测—应对”具有一定的局限性。对于管理者来说，最重要的挑战不是获得更准确的预测效果，而是在充满不确定及挑战的环境中做出战略决策[141]。因此，针对突发事件的应急管理，正发生从面对单一可能性的“预测—应对”转向多种可能性和变动趋势“情景—应对”。本章首先给出了供应中断风险的控制与应急管理框架，在分析供应中断风险的关键影响因素上、运用情景分析方法建立了不同风险情景下的应急范式，以便对未来可能面对的各种供应链突发事件风险情景建立思想上的准备。目前，还鲜有将情景分析运用于对突发事件导致供应中断下的供应链情景应急管理的相关研究，本章希望在这个领域做尝试性的研究。

3.2 情景分析及其在突发事件应急管理中的应用

自从赫尔曼.卡恩首次使用术语“情景”流行开来的四十多年时间里，众多的公司、咨询顾问以及学术界人士开发出了各种各样的情景分析方法。20 世纪 70 年代开始壳牌公司运用危机情景分析成功预测了中东石油危机和全球石油过剩，并采取积极的措施不仅避免了这两场危机爆发给公司带来的各方面损失，而且在油价大涨时赚取了巨额利润，这使得情景分析法备受关注。

“情景”是指事物所有可能的未来发展态势，而情景分析是对事物所有可能的未来发展态势的描述。情景分析的过程本质上是一种探究因果关系和相互作用的过程，即组织通过对运营环境进行发散性的思考，强调对于未来可能要面对的各种不确定性时要建立起思想上的准备以及在各种情景下的将要采取的措施。情景分析法原先是用于企业、经济等领域的长期规划，关注的是“如果……将会怎么样”式的思考，这种思考实际上是在“预演未来”通过预期各种不同的未来情景，以及在各种情景下将要采取的措施，在环境确实发生变化的情况下，可以做出更快的反应。使用情景分析工具获得巨大成功的一个经典案例是：壳牌石油在 20 世纪 80 年代后期石油价格崩溃的时候远远超出对手的反应能力，因为该公司所构思的情景中已经正视了这种可能，提前就制定了应急方案并大获成功。

设计情景规划的目的在于帮助决策者把当今和未来看作是一个连续演进的故事。

首先，该定义强调情景的叙述功能。所设计的情景应该有故事情节，对发展趋势、原因和结构以及事件之间的相互关系进行追溯。

第二，情景如同故事一样，力图采用全局观点，即其关注的是全景，在这方面，它与趋势的预测与分析不同，也与交叉影响分析不同。前者关注的是单个趋势的发展，而后者则关注于评估一种趋势对另外一种趋势的影响。事实上，情景方法在构思故事的时候，可以包含一些形式的趋势的分析或交叉影响分析，但是其目标是描绘未来的全景，情景描述的相互作用的各种力量背后是不断演化的作用机制而不是某一终极未来的静态画面。而且，更为重要的是，它们不是某个基准案例的简单变种，而是根植于未来的景象中，这种景象建立在各种结构不同的力量的共同作用之上。

Ralston and Wilson[142] 在其著作《情景规划的 18 步方法》中，将情景分析作为组织应对不确定的长期战略规划工作中所开发的情景的步骤或阶段进行了详细的描述，共有 18 个步骤，其中在分析如何创造情景方面有两个关键步骤：评估关键力量和推动因素的可预测性以及不确定性、识别关键的“不确定性的主轴”以此作为情景规划的逻辑和结构。

(1)评估关键力量和推动因素的可预测性以及不确定性。情景规划流程的首要目标是识别出规划和情景必须加以考虑的环境力量，为了对识别的力量及逆行优先等级排序和分类，作者使用了一种简单且有效的方法即影响力和不确定性矩阵，如图 3－1 所示。运用该矩阵，情景团队可以就每种力量或驱动因素对决策领域的重要性以及存在于未来后果之中的不确定性程度进行分析。

(2)识别关键的“不确定性的主轴”以此作为情景规划的逻辑和结构。这些主轴须要具备以下特征：包含所有(大部分)影响力强/不确定程度高的力量；揭示不确定区域，以至于所获得的情景之间具有明差异；具有逻辑性，主轴的各种可供选择的后果都是驱动力量的逻辑结果。Courtney[143] 认为很难找到适合于所有类型不确定性的情景分析方法，而是应根据系统具体的不确定性水平来建立相应的情景，并提出了四种不确定水平下的情景分析法，分别为足够清晰的未来(a clear enough future)、可选择的未来(alternate futures)、一系列可能的未来(a range of futures)和完全清晰的未来(true ambiguity)。

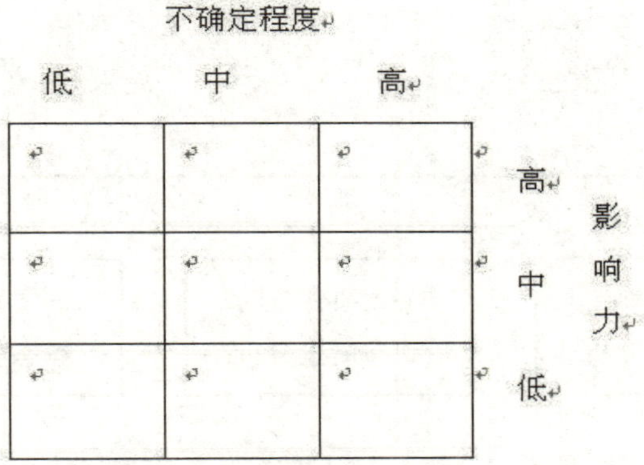

图 3－1　影响力/不确定性矩阵

笔者认为情景分析法在供应链突发事件应急管理中的应用可以按照时间轴来进行分类：一是突发事件发生前的情景分析；二是突发事件发生的过程中的情景分析；三是突发事件发生后的情景分析，如图 3－2 所示。第一类情景应用主要是管理者对企业或供应链的运营中所面对的各类突发事件进行战略上的思考,如突发事件源本身(可控的或难以控制的)、发生在供应链上的哪个环节(供应商的供应商、供应商、企业本身或下游企业)、企业或供应商本身所拥有的供应可靠性改善和设施恢复所需要的应急资源状况。第二类情景应用可以主要针对公共突发事件领域,尤其是针对带有次生灾害的突发事件,管理者在进行突发事件应对(如对人民生命、财产安全的保护)的过程中,要考虑突发事件风险的不同控制策略可能会导致突发事件朝不同的方向发展,并形成不同的突发事件/灾害情景,而每种灾害情景则对应于一个贝叶斯概率。第三类情景应用考虑的是突发事件发生后,对照该突发事件的具体案例,分析如果在实际的突发事件应急管理案例中采取了什么样的措施,突发事件可以避免或在一定上程度上可以减轻灾害的后果。第一类情景和第三类情景属于静态情景分析,两者区别在于前者考虑的是未知突发事件或风险,类似于属于“头脑风暴法”的分析,后者考虑的已经发生的突发事件或风险,类似于“事后诸葛亮式”的后悔分析法,以为下一次的突发事件风险应对提供决策依据。第二类情景分析属于动态情景分析,即根据当前的事态情景以及不同的应急措施,考虑风险会朝哪个情景方向发展,这种情景分析留给管理者决策的时间是有限的。我们考虑的是第一种情景应用和第二种情景应用。首先考虑第一类情景应用:突发事件前的供应中断风险静态情景分析。

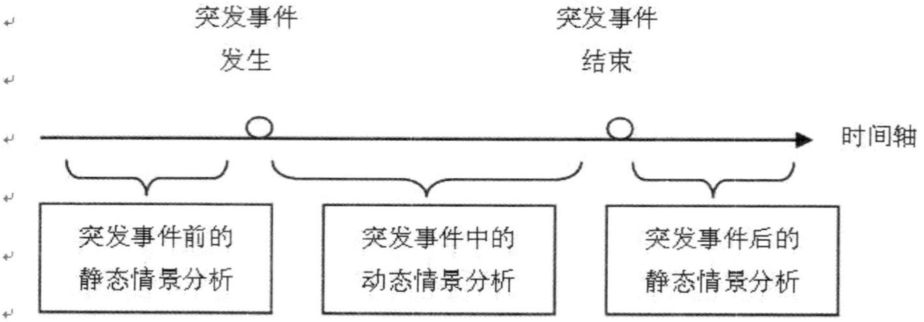

图 3-2 基于时间轴的突发事件情景分析

3.3 企业供应中断风险应急框架

首先,我们给出供应中断风险下企业风险控制与应急管理的概念框架。借鉴波特“价值链”思想，我们认为企业供应中断风险控制与应急框架主要有基本活动和支撑活动构成，如图 3－3 所示。其中，基本活动包括突发事件风险预警、突发事件风险评估、突发事件风险防范和突发事件风险恢复等活动，且基本活动的有效运行需要组织结构协调、收益协调、应急资源准备等活动的保障和支撑，通过将基本活动和支撑活动纳入到一个框架对风险进行控制和管理是可以产生价值的，并对企业商业运营的利润产生影响。另外，这些活动也是供应中断风险情景应急管理中的情景构成要素。

3.3.1　基本活动

1）突发事件风险预警

突发随机风险预警包括风险识别、风险监控等环节，目前企业在风险预警上的缺失是导致其商业中断的罪魁祸首。相关数据显示，当今企业所具备的风险监控能力仅相当于 1900 年时美国对于飓风的监控能力。事实上，突发事件发生前的警告总是存在的，关键是要找到应对特定事件需要的信息。

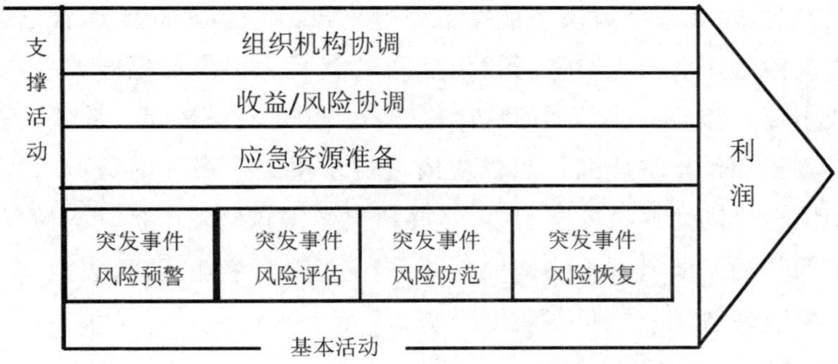

图 3－3　企业供应中断风险控制与应急框架

2）突发事件风险评估

由于突发风险具有概率低、后果严重的特征，其度量函数和处理方法不同于日常风险，如何选择合适的度量工具来评价该种风险是至关重要的。突发事件风险评估包括事前评估和事后评估，事前评估的目的是及早采取风险防范措施，而事后评估的目的是决定采取何种恢复与应急措施，其有效性取决于事前的风险预警、风险防范以及事后应急资源的可获得性。

3）突发事件风险防范

突发事件风险防范的核心是建立冗余，包括供应商的冗余、库存的冗余、关键节点的防火防灾的投资、期权投资、保险、对人员的培训等，以建立弹性、鲁棒性的供应链，前提是需要企业对暴露在风险中的薄弱环节进行分析评估，并做好思想上的准备。因为风险防范措施不是免费的，必须对其在效用与成本间进行权衡分析。

4）突发事件风险恢复

突发事件发生后，企业要考虑的是如何恢复受损的能力包括关键基础设施、零部件供应、运输资源等。恢复措施的有效性取决于事前的预警、防范、事后的快速反应。在某些情况下，企业也许只需要某一种能力，如当突发事件导致企业的运输环节中断后，企业可能并不需要事前防范措施，如果能快速反应并找到替代性的运输资源如联邦快递就可以解决问题，前提是假设替代资源的可获得性较好。

3.3.2 支撑活动

1）收益/风险协调

收益/风险协调主要解决企业利益/风险分配问题，是商业运营系统运行通畅的软件保障。企业对风险进行投资的目的就是为了降低风险并获得收益，而投资的成本以及相应的收益如何在供应链成员中进行分配是风险投资及管理的前提。盛方正和季建华研究了当供应商可能发生突发事件的情况下，制造商在事前采用罚金合同协调供应链。Qi et al 研究了需求侧发生扰动的情况下，如何运用一定的契约协调机制来协调供应链；当突发事件发生后，可以对契约的某些参数进行修改使得供应链重新获得协调。

2）组织结构协调

突发事件发生后，需要组织间和组织内部各部门的协调、沟通，达成对风险进行控制的一致性意见。Nokia 和 Ericsson 的案例说明了及时发现和报告风险的机制、与供应链成员及时沟通对企业快速有效应对突发风险的重要性。

3）防范和应急资源准备

对于企业来说，需要通过情景化的思维去思考特定的风险或风险组合下的防范资源种类、数量等，并提前做好防范资源的准备如准备什么资源、准备多少资源、在什么时间和地点开始准备以及如何协调防范资源的投资在供应链成员上的分配。

3.4　基于突发事件前的供应中断风险静态情景分析

3.4.1　供应中断风险界定与特征维度

突发事件对企业的冲击主要集中在供应链的三个环节，即供应、生产和需求方面，本书主要研究供应中断突发事件风险影响企业的供应流程，此类突发事件风险造成的后果往往是供应的中断。供应中断风险有两个重要的特征维度：突发事件发生的可能性(Probability)和后果的严重性(Consequence)。

3.4.2　识别关键性的“不确定性主轴”

从突发事件的本身来看，有些事件是可以控制的，有些事件是难以控制的，不同类型的突发事件对应急管理的要求是不一样的。所以，管理者在做情景分析时，可以将突发事件的类型作为一个不确定的主轴。对于不可控突发事件，企业难以通过安全防范措施来降低事件发生的可能性，且企业对该类事件往往没有预警能力，往往是在突发事件后寻找恢复的途径以及需要在事前进行资源部署。而对于可控突发事件，企业可以采取安全措施降低事件发生的概率，这也是风险管理的最高境界。对于可控突发事件如火灾，为防止火灾对企业生产运营系统的破坏，可考虑对生产设施进行防火保护如安装自动喷淋防火系统等。应急措施可以包括三类：一是供应商生产运营与设施系统的安全措施，可以降低突发事件风险发生的可能性；二是供应链的风险预警系统，通过供应链资源之间的相互作用和协调来监测即将来临的突发事件风险，这样企业就可以在风险来临前争取足够的时间来应对；三是企业自身的冗余资源如备份供应商、冗余库存、购买期权等，目的是增强供应链的恢复能力，或者使供应链回到正常和计划的产品流动水平，这样在一定程度上可以缓解突发事件风险发生的后果。所以，不同类型的突发事件需要不同的应急措施，即应急措施也可以作为一个不确定的主轴(尽管应急措施是可以人为控制的，当大多数企业不太愿意为没有发生的时间买单，所以在应急措施方面也存在着不确定性)。另外，突发事件发生在供应链中的哪个环节也是不确定的，对供应链的风险防范的要求也不一样的。对于突发事件的类型给出以下假设：

假设 1：供应商遭受的地震、海啸、恐怖主义事件等属于不可控突发事件，一旦该类突发事件发生，供应商的生产运营系统会遭受极大破坏，企业的零部件供应立即中断，且企业对该类型突发事件的预警能力很差。

假设 2：供应商遭受的罢工、火灾等事件属于可控突发事件，企业对该类事件有一定的事前预警能力。

识别关键的“不确定性的主轴”时，企业可以通过组织内部管理层和外部专家的头脑风暴分析决策模式来对影响企业/供应链运营的关键不确定主轴，并以此作为情景规划的逻辑和结构。以上分析中，我们暂时确定了三个关键的“不确定的主轴”，分别为：

(1)突发事件的性质。越是不容易控制的突发事件，其发生和扩散的速度较快，则其影响时滞较短；越是容易控制的突发事件，其发生和扩散的速度相对慢，则其影响时滞则较长。

(2)突发事件的中断对象。企业的一级供应商、二级供应商或 N 级供应商。

(3)防范和恢复措施。为减小突发事件概率的防范措施(如对工厂建筑物维护结构进行加固、进行防火保护等)以及突发事件后的运营设施恢复措施(如生产运营系统的维修技术、维修人员等)。

如图 3 - 4 所示，这些“不确定性主轴”构成了供应中断风险情景应急管理中的“情景因子”，我们将每一类情景因子分为两种类型。

(1)突发事件的性质分为不可控突发事件(用 A 表示)和可控突发事件(用 B 表示)；

(2)突发事件作用对象为企业的一级供应商(用 C 表示)、二级供应商和 N 级供应商(用 D 表示)；

(3)防范与恢复措施分为两类，一类是防范与恢复措施较差(用 E 表示)，第二类是防范与恢复措施较好(用 F 表示)。

图 3 - 4 中，从 A、C、E 出发的直线均为虚线，表明此种情况并不是管理者所希望的。例如，对于突发事件类型 A 来说，不管其发生在供应链中的哪个环节，以及防范措施如何，这类情景不是管理者希望看到的。

3.5 供应中断风险应急情景范式

在识别关键性的不确定主轴的基础上，管理者需要进行对各类风险情景进行深度分析，描述各种风险情景的场面(相当于对各种风险情景取个名字，然后赋予每种情景一个故事情节)，并设计出不同风险情景下的应急管理范式，且不同的应急管理范式是可以相互转化的。首先我们做出以下两个假设：

假设 3：对一个事情可能做出的应急措施与事件出现之前的时间量直接相关，即管理者能选择的应急备选方案的数量随着时间的流逝而减少。

假设 4：当突发事件发生后，如果企业的应急时间超过了突发事件的影响时滞，则损失已经产生，企业的恢复措施只是避免损失的进一步扩大。

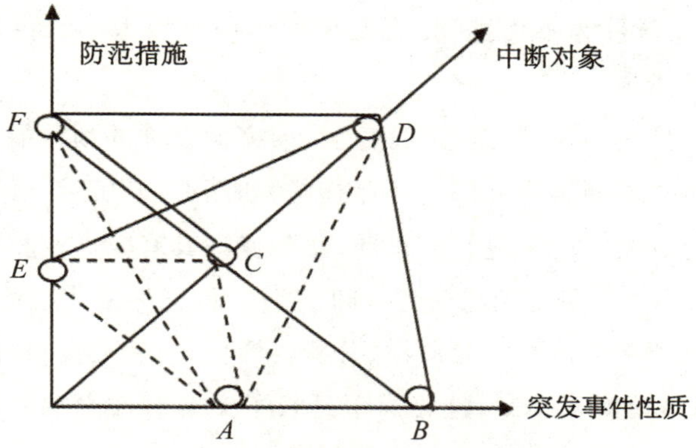

图 3－4　突发事件风险发生与扩散的影响因素

注：从 **A** 点出发的直线均为虚线，因为 **A** 为不可控突发事件，该种突发事件的危害性较大；三角形中虚线越多，表示应急响应越差

接下来，我们在关键的“不确定性主轴”的基础上，描述各种风险情景及所需要的应急措施组合，并赋予相应的故事情节。

情景 1：突发事件为不可控制、突发事件作用对象为一级供应商、企业防范和恢复措施较差。

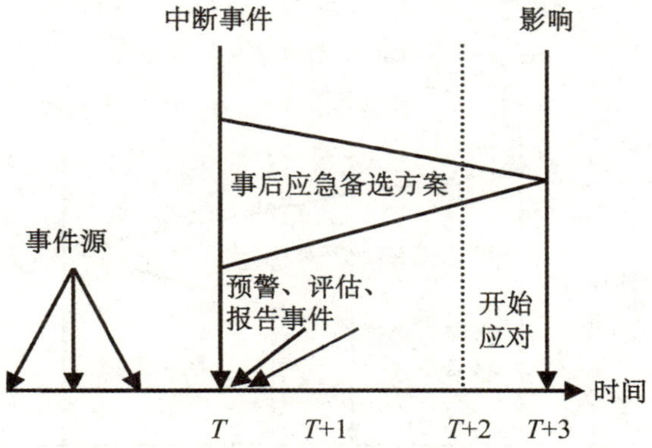

图 3－5　供应中断风险应急情景 1

图 3－5 表明，当突发事件对供应商的生产工厂造成突发性的破坏，即使预警、报告及时，由于应急时间的紧迫性，企业可以考虑的应急备选方案的数量随着应急时间的流逝越来越少。如果企业自身没有诸如备份供应商、冗余库存的防范措施以及事后对生产运营设施的及时修复，最佳策略只能是等待事件的发生，然后再去考虑可能的恢复方案和措施，该情景下的应急响应能力较差。

情景 2：突发事件为不可控制、突发事件作用对象为一级供应商、企业有一定的防范和恢复措施。

如果突发事件为不可控，企业对该类型的突发事件的预警能力较差，需要提前思考可能发生的中断事件并部署防范措施，如图 3－6 所示。但是该类型的防范措施是在信息缺失情况下进行决策的，很难保证其有效性。相反，如果企业对该类型的突发事件有一定的预警能力，即该类中断事件发生前企业可以运用预警信息系统对该类事件进行实时监控、分析与评估，或者突发事件对运营系统造成冲击后，立即启动恢复预案，这相当于延长了突发事件影响时滞，以便有更多的时间思考应对的方案，如图 3－7 所示。

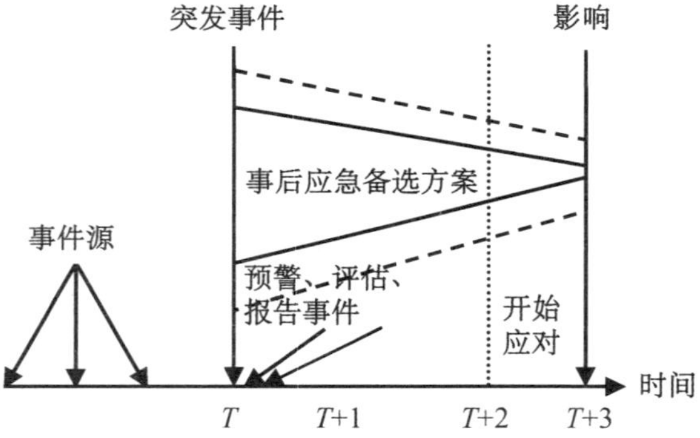

图 3－6　供应中断风险应急情景 2

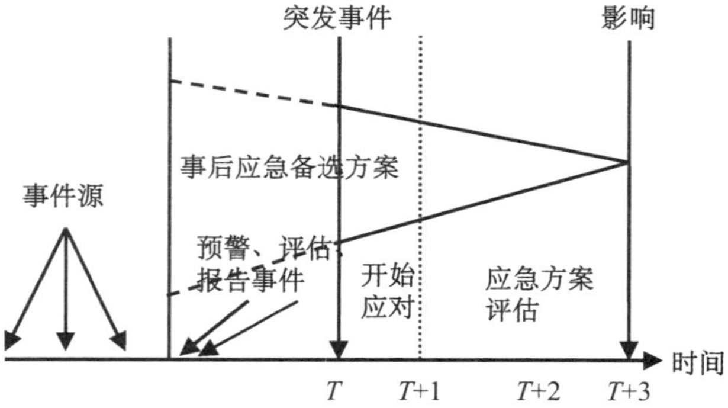

图 3－7　供应中断风险应急情景 3

情景3:突发事件为不可控制、突发事件作用对象为二级或N级供应商、企业防范措施较差。

情景3较情景1状况稍好,主要是因为供应商的中断在供应链上的传播需要一定的时间,如果事件发生在企业的二级供应商或N级供应商,企业还是有一定的时间做出应对,前提是事件发生后,市场有替代资源(如可替代的零部件)可以使用,损失是可以降低的。

从情景1和情景3来看,不管突发事件发生在供应链的哪一个环节,即使防范措施不好,但是如果运营能力受损后替代资源可获得性较好,一定程度上可以避免或减少损失,但是该情景下的风险管理较为被动。

情景4:突发事件为不可控制、突发事件作用对象为二级或N级供应商、企业有一定的防范措施。

情景4与情景3相反,即虽然突发事件发生在二级供应商,突发事件影响到自身可能有一定的传播时间,但前提是如果供应链上的企业都是精益库存管理方式,那么突发事件很快就会影响到自身;特别是,如果企业生产的是个性化产品,且市场无可替代资源,企业唯一可以做的就是增加冗余库存或者要求供应商增加后备二级或多级供应商加以防范风险。

情景5:突发事件为可控制、企业有一定的防范措施。

即如果企业能在预警和分析评估的基础上及时发现风险,或者通过加强防范措施降低突发事件发生的概率,即内在延长了突发事件影响时滞,不管突发事件发生在供应链的哪个环节,企业还有时间积极寻求降低事情发生的概率或者积极寻找后备供应商,即在情景5中,有可能将损失降到最低,如图3-8所示。另一方面,如果企业拥有冗余的供应商或冗余库存,这种风险对供应链的影响往往不大。

如图3-9所示,不管突发事件作用对象为供应链哪个环节,即使突发事件类型为可控的,如果预警、报告不及时,防范措施较差,将会极大影响事后的应急措施的效果;甚至有些容易控制的突发事件如果防范措施缺失了,有可能也会变化成不可控突发事件。以上分析可发现,对于风险管理者来说,需要在识别企业供应中断风险关键影响因素的水平及其相互作用的基础上审视企业及供应链中关键节点的预警能力、评估能力、防范能力、恢复能力以及对事后替代资源的判断,运用情景化的思维方式考虑可能的应急流程及策略,最小化供应中断风险给企业带来的损失。

当然对于不可控制突发事件或者所谓的非常规突发事件,由于人类对该类

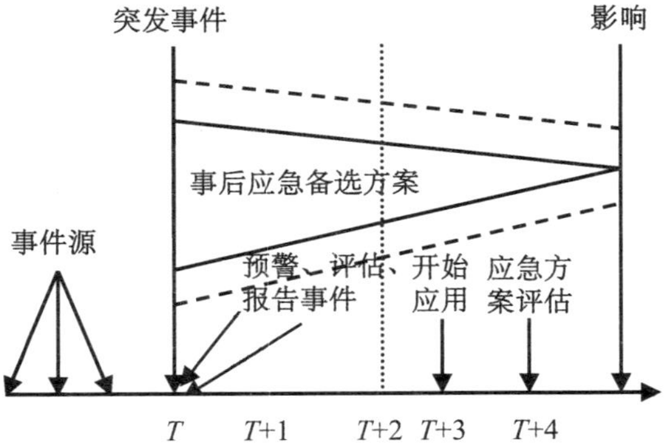

图 3－8 供应中断风险应急情景 4

事件认识是有限的，也就是说难以做到有效的防范，那么突发事件发展过程中的动态情景应急管理就必不可少，而我们上述的情景分析则属于事前静态分析，这需要管理者对潜在突发事件的发生发展态势有一定的把握为前提的。

3.6 基于突发事件中的供应中断风险动态情景分析框架及推演

3.6.1 动态情景分析框架

从相关文献对非常规突发事件应急管理中“情景”的定义来看，情景被认为是当前已经发生的突发事件情景以及当前的情景可能的进一步演化。而传统的情景分析法强调的是静态性，其实是一种可能性。所以，将情景分析运用于对突发事件的应急管理需要对“情景”进行重新界定。前面我们已经阐述了情景分析在突发事件应急管理中的应用可以分为三类，突发事件前、中、后的情景分析，我们重点关注第一类和第二类情景分析，即突发事件前静态情景分析和突发事件中动态情景分析。突发事件前静态情景分析，主要是在事前思考各种情景下可能需要的防范措施和应急方案，而这种分析在文献中属于情景应急预案分析。但是，实际所发生的情况往往与预案中所假设的情景不符，甚至是完全出乎预料。所以，一旦预案不可用或失效，管理者需要根据实际所发生的情况对原先的预案进行修改和完善，这种分析属于动态情景分析。动态情景分析可以运用于对突发事件发生、发展和演变中情景演变的可能性、影响程度进行分析，并在情景判定的基础上，快速制定可行的应急响应措施，对管理者的临机决策能力较高。接下来，我们分析突发事件情景分析框架模型。我们认为，突发事件应急管理的情景分析框架可以由两个部分组成，一个是事前的情景分析，一个是事中的情景分析。

以一个由两个存在相互依存关系的子系统 A 和 B 组成的网络系统为研究对象，其中，一个子系统的失效可能会引发另外一个子系统失效。如在电力网络中，断路器故障、输电线路故障和电站发电单元故障常常导致大范围停电事故，非常规突发事件如飓风、地震和恐怖袭击是导致整个电力网络瘫痪的主要原因之一。假设两个相互关联的子系统 A 和 B 都可能由于突发事件影响并导致整个网络系统的瘫痪。对于 A 和 B 来说，对突发事件应急管理需要进行事前静态情景分析和事中动态情景分析，如图 3－9 所示。

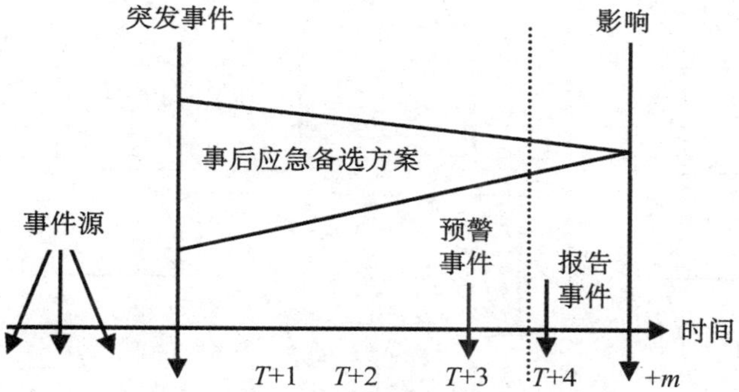

图 3－9　供应中断风险应急情景 5

从系统角度来看，子系统 A 的应急管理阶段(包括事前准备和事后响应)是子系统 B 的风险事前识别与准备阶段，反之亦然。以子系统 A 为例，为了防范非常规突发事件的发生，管理者首先需要在非常规突发事件发生前对各种可能的突发事件发生情景及其影响程度进行思考与风险评估，以帮助确定与识别紧急状态，如发生了什么类别的突发事件、发生在哪里、有多少人员受到影响、对企业的运营设施的影响的程度，以及将会持续多久。对于管理者来说，在进行事前情景预案分析与制定时，需要设定不同的情景，进而编制预案，并对每一种情景的发生做好防范和恢复准备。当突发事件发生时，管理者需要进行情景判定，即判断事件情景属于事前情景分析中的一种吗？如果是，由于管理者事前已经进行了演练，做好了响应的预案准备；所以管理者可以立即启动预先的应急方案，事件进入结束情景 S_{A1}；如果不是，管理者需要对情景进行重新分析推理，进而做出下一步决策如可能的响应措施，不同的响应措施会导致事件朝不同的情景方向发展。若采取响应措施 A1，事件进入结束情景 S_{A2}；若采取响应措施 A2，事件会进一步恶化，从而演化成不同的中间情景，如此循环反复。对于管理者来说，应该权衡事态的发展方向以及响应措施投入成本分析，来影响子情景的发展和演化方向。应该说明的是，由于子系统 A 的应急管理效果直接会影响到子系统 B。所以，子系统 B 的管理者来说必须时刻要关注子系统 A 的事件情景演化。对于子系统 A 的结束情景 S_{A1}，子系统 B 的管理者同样需要进行事前情景分析以及事后的情景判定，如结束情景 S_{A1} 属于事前情景分析中的一种吗？如果是，管理者立即启动预先的应急方案，事件进入结束情景 S_{B1}；如果不是，管理者需要在对情景进行重新分析推理的基础上，进而做出下一步决策如可能的响应措施。

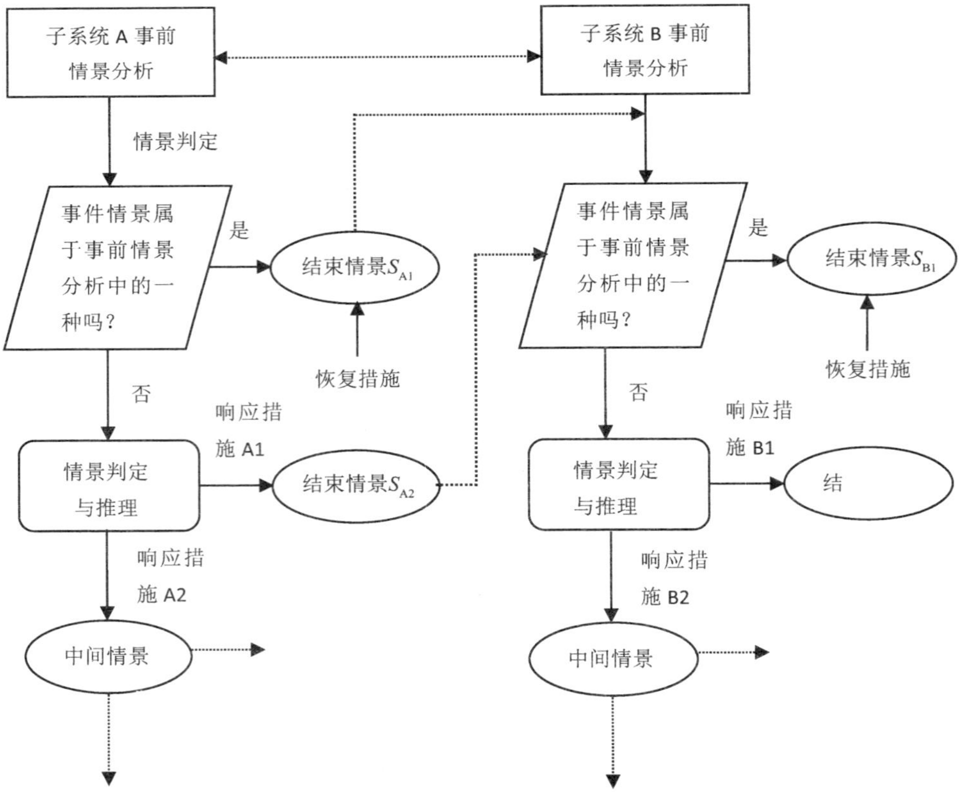

图 3－10 突发事件情景应急框架图

以上分析可看出，动态情景分析是针对已经发生的事件情景，并在情景判定与推理的基础上，寻求合适的应急方案，而不同的应急方案又会使得情景往不同的方向发展。由于突发事件应急管理的急迫性需要管理者在做决策时需要当机立断，对管理者的临机判断要求非常高，如对事态的分析、事件演化过程中不同阶段所造成损失的动态评估和可能的应对措施等。基于此，管理者的应急决策不应该是草率的，而是建立在一定的方法基础之上的。

3.6.2 基于PSR和贝叶斯网络的突发事件推演

1）PSR(pressure-state-response)模型

PSR原先是用于生态环境、水资源、经济、交通等领域的分析与评价中，将PSR运用于非常规突发事件情景应急管理中，可以对非常规突发事件情景的演变进行知识表达，如可以情景表达为事件面临的压力(P)、事件的状态(S)和事件的响应即处置措施(R)。对于管理者来说，如何在突发事件情景知识表达的基础上，对风险的演变进行量化评估并进行应急决策。如果需要进行量化，需要对事件演变朝各个情景方向发展的概率进行判断，这个概率属于后验概率。管理者需要在信息更新的基础上，对事件演化中何种情景会出现以及出现的可能性进行推理，有助于制定合理的动态应急方案。

2）基于PSR模型的突发事件情景的网络表达

PSR中的“压力”指标用以表征子系统受到的外部各种负面影响因子，如地震、洪水、罢工、恐怖袭击等；“状态”指标用以表征系统当前的状态，如因各种突发事件风险因子导致的供应链成员如供应商、企业生产设施中断、财产损失、环境污染等情况；“响应”指标用以表征为化解“压力”指标而采取的各种应急处置措施包括防范措施和应急措施，如生产工厂建筑物维护结构进行加固、对供应商生产设施进行防火保护如安装自动喷淋防火系统等防范措施，设备恢复能力、消防措施等。所以，非常规突发事件的情景式在“压力”“状态”“响应”等指标的作用下不断演变，直到应急恢复、处置结束。袁晓芳认为，在对非常规突发事件的情景表达中，存在4个基本要素，分别是事件面临的“压力”、事件情景即“状态”、处置措施即“响应”以及事件的演变，突发事件情景网络表达的基本要素如图3-11所示。

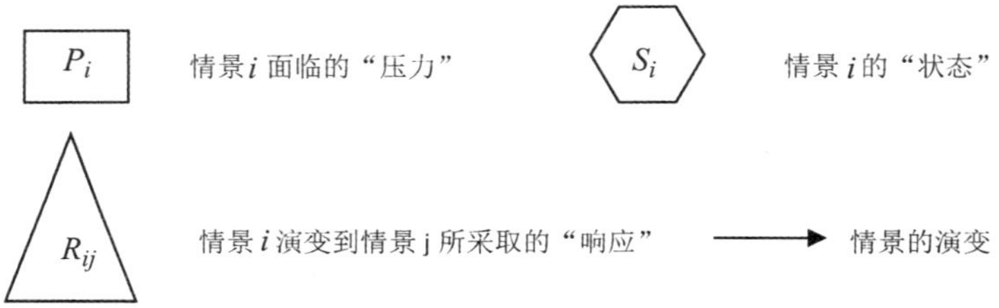

图 3-11 供应中断风险应急情景 1

3) 贝叶斯网络

贝叶斯网络是一种概率网络，它是基于概率推理的图形化网络，而贝叶斯公式则是这个概率网络的基础。贝叶斯网络是基于概率推理的数学模型，所谓概率推理就是通过一些变量的信息来获取其他的概率信息的过程，基于概率推理的贝叶斯网络(Bayesian network)是为了解决不定性和不完整性问题而提出的，它对于解决复杂设备不确定性和关联性引起的故障有很大的优势，在多个领域中获得广泛应用。

贝叶斯网络又称信度网络、因果网络或者推理网络，是基于概率分析和图论的一种不确定知识的表示和推理领域最有效的理论模型之一。从1988年由Pearl提出后，已经成为近几年来研究的热点.。一个贝叶斯网络是一个有向无环图(Directed Acyclic Graph, DAG)，由代表变量节点及连接这些节点有向边构成。节点代表随机变量，节点间的有向边代表了节点间的互相关系(由父节点指向其子节点)，用条件概率进行表达关系强度，没有父节点的用先验概率进行信息表达。节点变量可以是任何问题的抽象，如:测试值、观测现象、意见征询等。适用于表达和分析不确定性和概率性的事件，应用于有条件地依赖多种控制因素的决策，可以从不完全、不精确或不确定的知识或信息中做出推理。贝叶斯网络的建造是一个复杂的任务，需要知识工程师和领域专家的参与。在实际中可能是反复交叉进行而不断完善的。面向设备故障诊断应用的贝叶斯网络的建造所需要的信息来自多种渠道，如设备手册、生产过程、测试过程、维修资料以及专家经验等。首先将设备故障分为各个相互独立且完全包含的类别(各故障类别至少应该具有可以区分的界限)，然后对各个故障类别分别建造贝叶斯网络模型，需要注意的是诊断模型只在发生故障时启动，因此无需对设备正常状态建模。通常设备故障由一个或几个原因造成的，这些原因又可能由一个或几个更低层次的原因造成。建立起网络的节点关系后，还需要进行概率估计。具体方法是假设在某故障原因出现的情况下，估计该故障原因的各个节点的条件概率，这种局部化概率估计的方法可以大大提高效率。

贝叶斯网络由两部分组成，即 $B<Bs, Bp>$，其中 Bs 为贝叶斯网络结构，是一个具有 N 个节点的有向五环图，图中的节点为随机变量，用在非常规突发事件中可以表示为事件的不同变量。节点的状态对应于事件情景变量的信度值，节点之间的有向边表示事件情景变量之间的因果关系。Bp 是贝叶斯网络的条件概率表集合，每个节点 E 都有一个条件概率表，用来表示 Ei 同其父节点 $Pa(Ei)$ 的相关关系：条件概率 $p(Ei/\ Pa(Ei))$，表示父节点事件情景变量是子节点事件情景变量发生的直接原因，没有任何父节点的条件概率称其为先验概率。贝叶斯网络示意如图 3－12 所示。

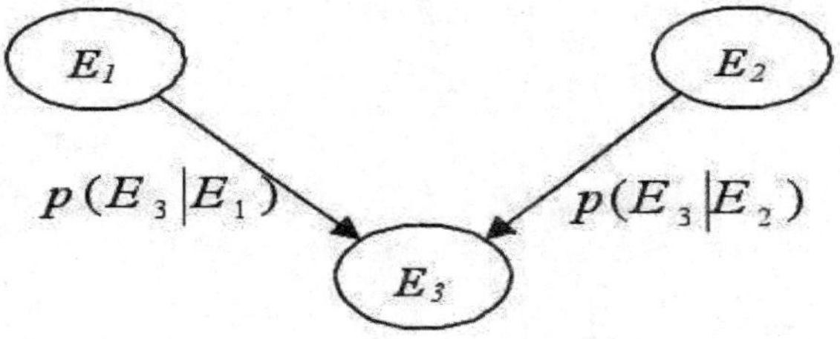

图 3－12　贝叶斯网络示意图

图 3－12 中节点 E_1、E_2、E_3 分别表示事件情景的不同变量，$p(E_3/E_1)$ 和 $p(E_3/E_2)$ 分别表示事件情景变量 E_1、$E2$ 为真的情况下，事件情景变量 E_3 为真的概率，表明了事件情景变量 E_1、E_2、E_3 之间存在一定的因果关系。有了节点及其相互关系、条件概率表，就可以表达贝叶斯网络中所有节点的联合概率，并可以根据先验概率信息或某些节点的取值计算其他任意阶段的概率信息。贝叶斯网络使用概率积分表示不确定性，如事件 A 和 B 发生的概率为事件 B 发生的概率乘以事件 B 的情况下事件 A 发生的条件概率，贝叶斯规则为：q^*，其中 q_E^* 为先验概率，是在进行任何量测之前状态的概率。贝叶斯网络很适合突发事件情景网络的构建与推演。突发事件的情景演变与应急管理总是按照一定的规律展开。因此，突发事件的情景之间具有较强的因果关系。这种事件情景之间的因果关系，反映了事件情景要素（压力 P、状态 S、响应 R）对情景演变的影响。所以，突发事件演变的情景可以表示为 $s(P_i、S_i、R_i)$。

4）基于 PSR 和贝叶斯网络的供应链突发事件案例情景推演

假设一个供应链系统上有两家企业，上游供应商的生产系统包括输油管道

1＋输油管道 2＋生产系统 A，供应链下游企业的生产系统标记为生产系统 B。假设供应商上游企业发生突发事件，突发事件爆发连锁响应路径为输油管道 1、输油管道 2、生产系统 1，如果生产系统 1 受到破坏，其下游企业生产系统 2 将由于供应中断而产生利润损失风险、而上游企业由于受到突发事件的影响会产生财产损失风险和利润损失险；并假设突发事件只会发生在上游企业 A；而 A 的决策不仅影响到其自身，还会对下游造成影响，并有可能受到下游企业的诉讼和惩罚。外部突发事件冲击下，突发事件风险在供应链系统的风险传递路径为输油管道 1＋输油管道 2＋生产系统 A＋生产系统 B；运用 PSR 模型的思想，画出供应链系统突发事件风险传递的 PSR 模型图，其中，IS 为初始情景，S_i（i＝1，2，3）为演化情景；P_{ic} 为情景演变下系统面临的压力或威胁，即系统的状态；F_{ic} 为外在施加的控制风险的措施，不同的控制措施，突发事件风险朝着不同方向演化，形成了新的“压力—状态—响应”情景。

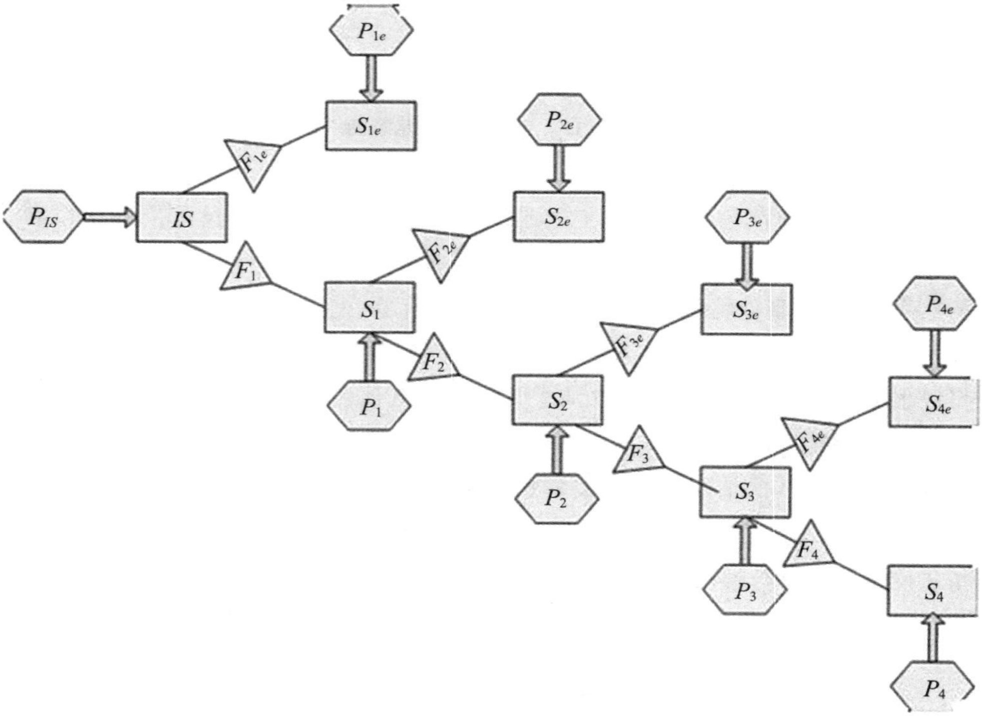

图 3－13　供应链突事件情景演变示意图

(1)针对发生情景 $IS=\{P_{IS},S_{IS}\}$,即突发事件导致企业 A 的输油管道1发生起火爆炸,采取有效措施 F_{1e},输油管道1的火势被扑灭,火势被控制并没有进一步扩散,得到事件消失情景 $f_{1e}=\{P_{1e}$、S_{1e}、$F_{1e}\}$;

(2)针对事件发生情景 $IS=(P_{IS},S_{IS})$,采取措施 F_1,火势没有得到控制,引燃附近的另一个输油管道2,事件情景发展为 $f_1=\{P_1$、S_1、$F_1\}$。针对情景 f_1,若采取有效措施 F_{2e},输油管道2的火势被扑灭,火势被控制并没有进一步扩散,得到事件消失情景 $f_{2e}=\{P_{2e}$、S_{2e}、$F_{2e}\}$;

(3)针对事件情景 $f_1=\{P_1$、S_1、$F_1\}$,若采取措施 F_1,火势没有得到控制,并导致生产运营系统1起火,事件情景发展为 $f_2=\{P_2$、S_2、$F_2\}$。针对情景 f_2,若采取有效措施 F_{3e},生产运营系统1火势被扑灭并得到控制,得到事件消失情景 $f_{3e}=\{P_{3e}$、S_{3e}、$F_{3e}\}$;

(4)针对事件情景 $f_2=\{P_2$、S_2、$F_2\}$,若采取措施 F_3,火势没有得到控制,供应商1的生产运营系统遭到严重破坏,在未来很长的时间内恢复不了,直接影响到供应商2的生产运营系统2的正常生产(供应商2供应中断),事件情景发展为 $f_3=\{P_3$、S_3、$F_3\}$;

(5)针对情景 $f_3=\{P_3$、S_3、$F_3\}$,若供应商2没有预案可用且无有效措施,若采取措施 F_4,事件情景发展为 $f_4=\{P_4$、S_4、$F_4\}$,供应商2只能承认损失已经产生,并在较长一段时间内不能恢复生产;

(6)针对事件情景 $f_3=\{P_3$、S_3、$F_3\}$,若供应商2能采取有效措施 F_{43},如紧急采购,寻求其他供应商的临时帮助或者切换产品的类型来替代,供应商2可以降低供应中断的损失,得到事件消失情景 $f_{4e}=\{P_{4e}$、S_{4e}、$F_{4e}\}$。

如此,该事件情景演变的贝叶斯网络结构如图3-12所示。针对同一情景应急管理部门可采取多种应急响应措施,不同的措施使事件情景沿着不同的演变路径发展。事件演变示意图是从简化角度出发,假定针对同一情景可采取最好的"响应"(F_{ie})和采取最差的"响应"(F_i)。现在可以假定每个情景有两个离散的状态:出现(True)和不出现(False)。在构建贝叶斯网络时,需要有每一个情景出现的概率和不出现的概率,如在应急管理现场,企业可以根据高层管理者、专家依据情景的发展、演化及应急处置情况,对每个节点的概率进行判断,并得到所假设的每一个情景的条件概率表,如表3-1所示。利用贝叶斯定理,从图3-13的顶点开始计算,可以得到该事件情景演变过程中的几个关键情景的状态概率,如 $f_1=\{P_1$、S_1、$F_1\}$ 的状态概率为 $P(f_1)=P(f_1/IS=True)*P(IS=True)+P(F_1/IS=False)*P(IS=False)$。那么,由表3-1的条件概率表的事件演化条件概率表可以得到事件情景状态概率表，如表 3-2 所示。

由事件关键情景状态概率结果分析可知：

（1）针对事件的关键情景，采取不同的应急处理措施，事件情景的发展、演化路径截然不同。因此，决策者的应急处理能力决定了事态的发展。

（2）无论采取怎样的措施，事件的关键恶化情景 f_1、f_2、f_3 出现的可能性依然很大，需要决策主体尽早做好迎接下一个危机情景的准备，以尽量控制事态发展。

表 3-1 突发事件情景演化条件概率表

$IS=\{P_{IS},S_{IS}\}$					
True	1				
False	0		*False*		
$f_1=\{P_1、S_1、F_1\}$	$IS=True$	$IS=False$	$f_{1e}=\{P_{1e}、S_{1e}、F_{1e}\}$	$IS=True$	$IS=False$
True	0.9	0	*True*	0.1	0
False	0.1	1	0.9	1	
$f_2=\{P_2、S_2、F_3\}$	$f_1=True$	$f_1=False$	$f_{2e}=\{P_{2e}、S_{2e}、F_{2e}\}$	$f_{1e}=True$	$f_{1e}=False$
True	0.95	0.2	*True*	0.3	0
False	0.05	0.8	*False*	0.7	1
$f_3=\{P_3、S_3、F_3\}$	$f_2=True$	$f_2=False$	$f_{3e}=\{P_{3e}、S_{3e}、F_{3e}\}$	$f_{2e}=True$	$f_{2e}=False$
True	0.8	0.1	*True*	0.5	0
False	0.2	0.9	*False*	0.5	1
$f_4=\{P_4、S_4、F_4\}$	$f_3=True$	$f_3=False$	$f_{4e}=\{P_{4e}、S_{4e}、F_{4e}\}$	$f_{3e}=True$	$f_{3e}=False$
True	0.9	0.05	*True*	0.9	0.3
False	0.1	0.95	*False*	0.1	0.7

（3）由于事件情景发展、演化的迅速性、紧迫性，即使采取最好的“响应”，事件消失情景出现的概率依然很低，如消失情景 f_{1e}、f_{2e}，而消失情景 f_{3e}、f_{4e} 出现的概率相对较高，尤其是消失情景 f_{4e}，这说明了：①情景 f_2 和情景 f_3 是应急管理出现转机的最佳时期，决策主体若能抓住此最佳时期，采取最恰当的危机处置措施，危机状态最有可能在较短的时间内缓解和消失；②采取了最好的“响应”措施，虽然事件消失情景出现的概率依然很低，但并不意味着此时的决策不

影响事件结果，若采取有效的危机隔离措施，不仅能够在一定程度上降低事件损失，而且能够控制事件的迅速发展，为下一步的决策与管理争取宝贵的时间。

(4)由于 A 企业的应急响应措施，直接关系到其运营设施能完全恢复的时间，进而影响到对 B 企业的产品供应；所以，对于供应链下游企业 B 来说，也应该实时关注事态的发展，能保持 A 企业和 B 企业要进行有效沟通，共同商量对策，必要时能提供人力、物力而后财力上的应急援助。

表 3-2　非常规突发事件情景状态概率表

$IS=\{P_{IS},S_{IS}\}$			
True	1		
False	0		
$f_1=\{P_1、S_1、F_1\}$		$f_{1e}=\{P_{1e}、S_{1e}、F_{1e}\}\Omega_2$	
True	0.9	*True*	0.1 * 1+0 * 0=0.1
False	0.1	*False*	0.9 * 1+1 * 0=0.9
$f_2=\{P_2、S_2、F_3\}$		$f_{2e}=\{P_{2e}、S_{2e}、F_{2e}\}$	
True	0.875	*True*	0.27
False	0.125	*False*	0.73
$f_3=\{P_3、S_3、F_3\}$		$f_{3e}=\{P_{3e}、S_{3e}、F_{3e}\}$	
True	0.712	*True*	0.437
False	0.288	*False*	0.563
$f_4=\{P_4、S_4、F_4\}\beta$		$f_{4e}=\{P_{4e}、S_{4e}、F_{4e}\}$	
True	0.655	*True*	0.727
False	0.345	*False*	0.273

(1)静态情景分析。利用情景决策理论研究不同风险特征下的供应中断风险应急管理活动，即在识别供应中断风险应急管理绩效的关键特征维度的基础上，开发了 5 种应急情景范式，并描述了不同情景范式下可能的应急响应效果，给出了不同情景之间转换需要满足的条件，主要体现在风险管理活动能力的差异如预警、报告、防范等与替代资源可获得性等方面。总体上看，有两个潜在的研究机会。一是寻求不同情景范式下的相关数据来验证几种情景的有效性，如运用仿真技术研究不同水平下的商业中断风险的关键影响因素对企业在应急成本、商业中断损失、股东价值、商业可持续性运营等方面的影响。二是运用决策

树方法来研究特定商业中断风险并考虑替代资源可获得性下的供应链安全投资(如预警系统、冗余供应商、冗余库存、冗余运输方式等防范措施)的水平。

(2)动态情景分析。动态情景分析目前在公共突发事件尤其是带有次生灾害的突发事件应急管理中,已经有相关学者进行了研究,主要研究情景的动态演化以及情景重构等,为突发事件的演化分析提供决策基础。本书从系统的角度来研究两个相关联的子系统在面对已经发生过的突发事件风险时,通过情景判定与推理,寻求合适的应急方案,而不同的应急方案又会使得情景往不同的方向发展。

3.7 供应链突发事件风险应急预警

应急预警是主动型的供应链风险管理,构建企业应急预警是对供应链企业各种风险进行检测,使供应链企业管理者了解和掌握供应链的运营状况,以便及时发现问题,并为其风险管理提供决策依据。供应链应急预警主要由风险信息源、风险预警指标体系、风险预警专家小组、风险预警预案体系和风险预警辅助决策系统 5 个部分组成。供应链应急预警机制的具体步骤是:

通过供应链管理信息系统或人工监测等方式对供应商、生产商和零售商风险信息源进行采集和监视。采集的信息主要包括供应链及其成员运营状况数据,外部市场、行业等供需数据以及影响供应链运营的自然环境等。

把供应链风险信息源采集到的各种数据传递给供应链风险辅助决策系统,并运用风险预警指标体系和各种风险预警模型对风险进行识别和评估。将收集和监测到的各种风险实际值与预警值进行对比分析,以发现供应链运营过程中的异常情况。如果风险实际值小于预警值,说明供应链运营处于正常状态,则继续采集数据;如果风险实际值大于预警值,或风险实际值发展趋势超出预警值时,说明供应链运营处于警戒状态,这时供应链应急预警体系应发出警报。

供应链进入警戒状态后,供应链风险预警专家小组应根据跟踪发现的异常情况,运营现代供应链管理技术、诊断技术进行分析判别,估计不同风险的大小,评价其产生的后果,确定供应链风险产生的根源,选择合适的预警预案,并作出相应的方案调整;如果没有合适的预警预案,必须制订新的预警方案。在现有的预警方案和新的预警方案基础上,供应链决策者根据快速反应机制制订相应的风险处理方案,并更新风险预警预案体系。以上步骤循环往复,从而形成供应链风险应急预警模型。

供应链风险应急预警机制的关键问题有：①风险应急预警指标体系的建立。根据前面的分析，可以从突发事件的性质、突发事件的作用对象、企业现有的防范和恢复措施等几个维度来建立风险应急预警指标体系。在此基础上，进行情景分类，如情景 1：突发事件为不可控制、突发事件作用对象为一级供应商、企业防范和恢复措施较差；情景 2：突发事件为不可控制、突发事件作用对象为一级供应商、企业有一定的防范和恢复措施；情景 3：突发事件为不可控制、突发事件作用对象为二级或 N 级供应商、企业防范措施较差；情景 4：突发事件为不可控制、突发事件作用对象为二级或 N 级供应商、企业有一定的防范措施；情景 5：突发事件为可控制、企业有一定的防范措施。关于供应链风险应急预警指标权重的确定，可以采用人工智能技术、主成分分析法、模糊数学、专家意见法等相结合确定指标权重，确定后的指标权重还应在实践检验中不断修正。②供应链风险应急预警制度体系的建立，包括组织管理体系、预警预案体系和技术标准体系。组织管理体系，要建立一个健全、完善的风险预警组织管理体系，可以协调供应链上不同企业之间的关系，对预警机制有序运行至关重要。预警预案体系，是供应链风险应急处理不可缺少的预案支撑体系，预警预案体系是选取若干风险预警方案，在每个预警预案中详细规定了风险处理的实现目标、具体任务、具体实施措施。技术标准体系，包括建立完整和联系的预警数据库，预警模型标准体系和信息管理体系等。

3.8　本章小结

本章主要对突发事件下供应中断风险控制与应急管理情景范式进行了尝试性的研究。首先，本章介绍了"情景分析"方法的起源、思想、与传统"预测"方法的区别及其在企业长期战略规划中的应用现状。然后，给出了企业供应中断风险控制与应急框架，借鉴波特"价值链"思想，提出了企业供应中断风险控制与应急框架主要有基本活动和支撑活动构成，而这些活动也是供应中断风险情景应急管理中的情景构成要素。再其次，分析了供应中断风险应急管理绩效的特征维度/关键因素，如突发事件的性质、突发事件作用对象、企业的防范与恢复措施，而这些特征维度构成了情景分析中的"情景因子"，对供应中断风险控制与应急管理进行了静态情景分析，提出了 5 种情景范式，描述了各种范式的特征及情景间相互转化应该的满足的条件。然后，给出了基于突发事件发生过程中的供应中断风险动态情景分析框架。最后，提出供应链突发事件风险应急预警体系。

第4章

供应突发事件下供应链订货与可靠性改善决策

4.1 引言

PRTM公司2008年的一项调查报告中显示：关键零部件供应不可靠(Unreliable Supply)是全球供应链运营下企业面对的主要风险之一。对于那些依靠供应商提供产品或服务的总是面临着一定的供应风险，如交货数量、质量与交货提前期的不稳定。在外部环境不稳定下(如经济危机、火灾等)，供应商的生产运营系统不可靠从而导致了产品交付的不稳定，这也给供应链下游企业带来了一定的供应风险。

2008年2月，克莱斯勒的塑料和内饰件供应商Plastech在负债4.8亿美元的情况下申请破产保护，受此影响，克莱斯勒关闭了北美的5家整车总装厂。2000年3月，美国新墨西哥州的飞利浦芯片工厂因闪电而引发火灾，导致了连续几个星期全球范围的芯片短缺，该事件使得爱立信损失了近40亿美元的销售收入。尽管如此，出于维护与供应商的长期合作关系及采购成本角度的考虑，大多数企业在对关键零部件供应商的选择上较为谨慎，选择单源或双源供应。随着企业的日益精益化运营，单个零部件的供应体系主要以单源采购和双源采购为主，日本企业的供应体系主要是以单源采购为主，而欧美的供应体系主要是双源采购为主。所以，企业的最优订货决策需要建立在供应商的可靠性基础上，在必要情况下，可以对供应商的可靠性进行改善。

目前，国内外的相关文献大致从以下几个方面对供应商可靠性问题展开了研究。第一类文献是假设供应商组合中存在完全可靠的供应商或者有备份供应商、二手市场可以应急采购，Tomlin研究双源采购模式(一个完全可靠的供应商和一个不可靠的供应商)下的最优订货和库存策略；He and Zhang、王丽梅等[144]研究供应商不可靠时，二手市场的存在对企业采购行为及对供应链绩效的影响。第二类文献是研究双源或多源供应商都不可靠下，企业对供应商的选择及订货量分配问题，这一类文献相对较多，相关文献已经在第 2 章介绍，近期的主要文献有 Dada et al、Burke et al；其中 Dada et al 更关注的是不同供应商参数（如供应商可靠性均值、采购成本）下的供应商的排序，Burke et al 更关注的是不同供应商参数（如供应商可靠性均值、方差、采购成本、残值及缺货成本）下供应商的选择与订货量分配。

少量文献在模型中引入可靠性改善变量。Bakshi and kleindorfer 运用博弈论研究供应商和制造商在供应链安全投资上的竞争与合作，但忽略了安全投资对订货与库存的影响；Liu et al 认为 RFID 标签可实现对货品的追踪以改善供应可靠性，强调供应过程的可靠性，主要研究供应可靠性改善的价值以及相关成本参数对单位改善投资的影响，但可靠性投资实质上体现为单位商品变动成本的增加；Wang et al 研究当可以通过改善投资来提升供应过程的可靠性时，如何优化制造商的运营策略。

另外，管理者在确定订货策略时，除了要考虑供应商的供应风险外，管理者自身的风险态度也不容忽视。在供应不可靠或供应中断下，买方的风险规避行为会影响到其决策行为如订货与库存策略。但是随着企业面临的外部突发事件风险（如地震、洪涝、火灾、金融危机）发生频率的逐年提高，企业对待风险的态度越来越规避。也就是说，企业作为风险规避者在进行采购决策时不仅会考虑期望收益或期望成本，而且会考虑收益风险或成本风险的大小。所以，在这种情况下，运用期望值来刻画带有风险规避的供应链成员的目标不一定适合。我们假设供应链下游企业制造商面对该事件时其态度是风险规避的，并运用金融风险度量中广泛运用的 VaR 和 CVaR 准则来度量管理者的风险态度。

本章研究主要分为：①突发事件风险下，通过构建基于双源采购的期望模型，研究制造商的最优订货分配，并分析订货量与供应商的发货量对供应商可靠性的敏感性，进一步研究供应商可靠性改善的价值；②突发事件风险下，我们用 VaR 准则来刻画管理者面对可控突发事件或常规突发事件时的风险态度，用 CVaR 准则来刻画管理者面对不可控突发事件或非常规突发事件的风险态度，主要研究在风险规避下的制造商的订货策略，并与风险中性情况作比较。

4.2 管理者风险中性下的供应链订货与可靠性改善策略

本节研究的情形对应于第3章中分析的情景5，即针对的是可控突发事件或一般的风险，即突发事件的性质是可控的，属于常规型突发事件，一般不会造成极端的影响；突发事件的作用对象为制造商的一级供应商；另外，制造商通过双源采购与供应商可靠性改善投资决策来防范风险。

4.2.1 问题描述与基准模型

我们研究单一销售季节下的由两个供应商和一个制造商组成的单一产品供应链报童问题，并假设在外在的事件风险下，供应商是不可靠的。由于存在较长的供应前置期，制造商需要在销售季节来临前进行订货决策。相关参数假定如下：

q_i：制造商向两个供应商($i=1,2$)的订货量。

Q_i：供应商的期望发货量或者是制造商的期望到货量。由于供应商是不可靠的，则供应商的期望发货量 Q_i 不大于制造商的订货量 q_i。

r_i 是供应商 i 的可靠性，$G_i(.)$、$g_i(.)$分别是 r_i 的累积分布函数和概率密度函数，假设 r_i 的概率密度函数是二阶可微的，μ_i、σ_i 分别代表 r_i 的均值和方差，假设 $\mu_i \leqslant 1$、$\sigma_i \leqslant u_i$；$Q_i = \mu_i q_i$。

X：制造商面临的市场需求，X 是随机变量，其概率密度函数和累积分布函数分别为 $f(.)$、$F(.)$。

p：产品的市场销售价格。

s：产品的残值。

c_i：制造商的单位产品采购成本。

不考虑产品的缺货成本，而 $p > c_i > s$($i=1,2$)是报童模型的一般假设。制造商的目标是在需求不确定下根据供应商的可靠性 $r=(r_1,r_2)$和成本参数 $c=(c_1,c_2)$下决定其最优订货数量 $q=(q_1,q_2)$来最大化自己的利润。

假设 $\pi(q_1,q_2;r_1,r_2)$是制造商的利润函数，$\Pi(q_1,q_2;r_1,r_2)$是制造商的期望利润函数。为表达方便，用向量表达式 $\pi(q,r)$和 $\Pi(q,r)$进行替代。制造商的优化问题可以由下式来表达：

$$\Pi(q,r) = E_{r,x}\pi(q,r) = E_{r,x}\left[p\min\left(\sum_{i=1}^{2} r_i q_i, X\right) + \right.$$

$$s\left(\sum_{i=1}^{2} r_i q_i - X\right)^+ - \sum_{i=1}^{2} c_i r_i q_i\Big] \quad (4-1)$$

为了便于求解，可以将式(4－1)写成更加紧凑的形式，令 $\varphi_i=(p-c_i)/(p-s)$，则

$$\Pi(q,r)=E_{r,x}\pi(q,r)=(p-s)\left[E_r\left(\sum_{i=1}^{2}\varphi_i r_i q_i\right)-E_{r,x}\left(\sum_{i=1}^{2} r_i q_i - X\right)^+\right] \quad (4-2)$$

式(4－2)说明，在保持市场需求和相关成本参数(如产品的销售价格、残值)是外生变量的前期下，制造商的利润取决于供应商的可靠性和采购成本。

4.2.2　制造商的最优订货量分析

双源采购模式下，制造商的供应渠道的选择与订货量的分配直接关系到其期望利润的大小；而制造商的订货量在两个供应渠道间的分配又取决于供应商的可靠性与制造商的采购成本的大小；也就是说，供应商的相关参数决定了制造商的订货偏好。该部分主要研究以下几个问题：

(1)制造商的最优订货量在两个供应商之间是如何分配的，其分配量是如何受到供应商的可靠性和成本组合参数($r_1,r_2;c_1,c_2$)影响的；特别地，当供应商的相关参数满足什么样的条件下，制造商选择单源采购或双源采购。

(2)在保持采购成本不变的前提下，制造商向一个供应商的订货量是如何受到该供应商和另外一个供应商的可靠性均值与标准差的影响。

(3)供应商不可靠下，制造商应该重点关注的是订货量还是供应商的期望发货量(供应不可靠下，订货量与期望发货量是不相等的；供应商可靠下，订货量与期望发货量是相等的)。

(4)制造商向一个供应商的期望实现订货量又是如何受到该供应商和另外一个供应商可靠性均值、标准差及其联合影响的。

(5)供应商可靠性是如何影响制造商的最优期望利润的。

我们首先运用随机占优理论(Stochastic Dominance)对供应商可靠性进行界定。假设 ξ_1 和 ξ_2 是两个随机变量，其分布函数分布为 G_1 和 G_2。

引理 1：对于任何 t，假设 $G_1(t)\leqslant G_1(t)$，则 ξ_1 一阶随机占优于 ξ_2，记为 $\xi_1\geqslant_1\xi_2$；对于任何 x，假设 $\int_0^x(G_1(y)-G_2(y))dy\leqslant 0$，则 ξ_1 二阶随机占优于 ξ_2，记为 $\xi_1\geqslant_2\xi_2$。

对于供应商可靠性因子 r_1 和 r_2，假设 $r_1\geqslant r_2$，说明供应商 1 比供应商 2 具有更高的可靠性；也就是说，在某一个确定的时间内，更可靠的供应商将会产生

一个随机大的产品数量来满足市场需求，即有 $E[r_1] \geqslant E[r_2]$。对于供应商可靠性因子 r_1 和 r_2，假设 $r_1 \geqslant_2 r_2$，说明相比较供应商 2 来说，供应商 1 的可靠性变异性更小；当 $E[r_1]=E[r_2]$，$r_1 \geqslant_2 r_2$ 意味着 $\sigma[r_1] \leqslant \sigma[r_2]$。引言 1 说明，供应商的可靠性大小不仅取决于其均值的大小，还取决于其标准差的大小；保持标准值不变，均值越大，可靠性越高；保持均值不变，标准差越小，可靠性越高。那么，如何表达供应商可靠性的均值与标准差对供应商的可靠性的联合影响，以下定义供应商可靠性变异系数，其意义在于研究供应商可靠性对制造商订货决策的影响。

定义 1：定义 $\gamma_k=\sigma_k/u_k$ 为供应商 k 的可靠性变异系数，若 $\gamma_i<\gamma_j$，相比较供应商 j 而言，供应商 i 具有更高的可靠性或更好的稳定性①。

我们首先研究制造商的最优订货量及其在两个供应商之间的分配，有如下结论：

命题 1：存在一个最优的订货向量 $q^*=(q_i^*,q_j^*)$ 使得 $\nabla q_{i(j)}\Pi(q^*,r)=0$，即最大化制造商的期望利润；当需求 X 服从 $[a,b]$ 的均匀分布时，制造商向两个供应商的最优订货量为 ：

$$q_{i(j)}{}^*=\frac{[F^{-1}(\varphi_{i(j)})-F^{-1}(\varphi_{j(i)})]\dfrac{1}{\gamma_{j(i)}{}^2}+F^{-1}(\varphi_{i(j)})}{\sigma_i\gamma_i(1+\gamma_i^2+\gamma_j^2)} \tag{4-3}$$

其中，$F^{-1}(\varphi_{i(j)})=a+(b-a)\varphi_{i(j)}$，$\gamma_{i(j)}=\sigma_{i(j)}/\mu_{i(j)}$，$i,j=1,2$

证明：式(4－2)分别对 q_i 进行一阶求导和二阶求导得：

$$\nabla q_i\Pi(q,r)=(p-s)[\varphi_i E_r(r_i)-E_r(r_iF(\sum r_iq_i))] \tag{4-4}$$

$$\nabla^2 q_i^2\Pi(q,r)=-(p-s)E_r(r_i^2 f(\sum r_iq_i))]<0$$

所以，$\Pi(q,r)$ 为凹函数。

令 $\nabla q_i\Pi(q,r)=0$，则 $[a+\varphi_i(b-a)]E_r(r_i)=F^{-1}(\varphi_i)E_r(r_i)=q_iE_r(r_i^2)+q_jE_r(r_ir_j)$，可以求出 $F^{-1}(\varphi_i)=\dfrac{E_r(r_i^2)}{E_r(r_i)}q_i+E_r(r_j)q_j=\sigma_i\gamma_iq_i+u_iq_i+u_jq_j$；

同理，$F^{-1}(\varphi_j)=\sigma_j\gamma_jq_j+u_iq_i+u_jq_j$；联立求解 $F^{-1}(\varphi_i)$、$F^{-1}(\varphi_j)$ 表达式，可以推导出式(4－3)。

从结论 1 可看出，制造商的供应渠道的选择与订货量的分配是由两个供应商本身的可靠性与成本的组合参数来决定的，以下分析制造商选择单源采购或

① 假设 $u_i=0.8$，$\sigma_i=0.2$；$u_j=0.6$，$\sigma_i=0.1$；则 $\gamma_i=1/4$，$\gamma_j=1/6$；供应商 i 的可靠性变异系数小于供应商 j 的变异系数，说明供应商 i 比供应商 j 具有更高的可靠性。

双源采购所需要满足的条件。

推论 1：制造商选择单源采购还是双源采购，主要取决于两个供应商的成本与可靠性参数满足的条件，即当满足以下条件时

$$\begin{cases} \gamma_{i(j)} \leqslant \sqrt{\dfrac{F^{-1}(\varphi_{i(j)}) - F^{-1}(\varphi_{j(i)})}{F^{-1}(\varphi_{j(i)})}} & \text{选择向供应商 } i(j) \text{ 单源采购} \\ \text{其他} & \text{选择双源采购} \end{cases}$$

证明：很明显，式(4－3)中可以看出：当$[F^{-1}(\varphi_i) - F^{-1}(\varphi_j)]\dfrac{1}{\gamma_j^2} + F^{-1}(\varphi_i) \leqslant 0$时，制造商选择向供应商 j 单源采购；反之，制造商选择双源采购。

推论 1 中，γ_i 的表达式的右边表示调整后的供应商 i 和 j 间的成本差异，即当供应商 i 的可靠性的优势能弥补其在成本上的劣势后，制造商选择向其单源采购，也就是供应商 i 能够获得制造商的全部订单；反之，制造商选择双源采购。

推论 2：在保持供应商的成本参数相同($c_i = c_j$)的情况下，制造商向一个供应商 i 的最优订货量 q_i 随着该供应商的可靠性均值和可靠性标准差的增加而减小，随着另外一个供应商 j 的可靠性均值的降低和标准差的增加而增大。

证明：当供应商的成本参数相同时，可以将式(4－3)改写成式(4－5)，得到相关结论。

$$q_i^* = \frac{\dfrac{u_i}{\sigma_i^2} F^{-1}(\varphi_i)}{1 + \left(\dfrac{u_i}{\sigma_i}\right)^2 + \left(\dfrac{u_j}{\sigma_j}\right)^2} \tag{4－5}$$

分析供应商的可靠性对制造商的订货分配决策中，发现一个有意思的现象：制造商向一个供应商的最优订货量随着另外一个供应商的可靠性的降低而增大，但是与该供应商自身的可靠性的高低关系并不确定，这一点与 Burke et al 与 Dada et al 的分析是不同的。Burke et al 指出：制造商向一个供应商的最优订货量是该供应商可靠性均值的增函数，是该供应商可靠性标准差的减函数。在保持供应商成本相同情况下，从式(4－5)可以看出：当供应 i 的可靠性均值增加时，制造商向其最优订货量反而减少，即供应商 i 的可靠性均值与可靠性标准差对其订货量的影响是同向的，所以制造商向一个供应商的最优订货量对该供应商的可靠性的敏感性难以确定。

Dada et al 指出：相比可靠的供应商来说，不可靠的供应商往往会使得报童订货量增加，这是与常理相符的，因为在供应不可靠下，如果供应链下游企业能观察到供应商的可靠性，其可以加大订货量来实现自身的订货目标。而 Dada et al 定义的可靠性是可靠性的均值，所以并没有考虑到供应商可靠性的标准差。从式(4-5)中可看出，供应商可靠性的标准差越大，说明其越不可靠，而下游企业的订货量越小，这又与他的结论是不相符的。综合以上，Burke et al 在分析供应商可靠性对制造商最优订货量的敏感性分析时，存在一定的问题；另外，与 Dada et al 相比，我们所用到的随机产出模型是不一样的，这也导致了结论的不同。

以上对制造商的订货决策进行了研究，重点分析供应商成本与可靠性对制造商订货决策的影响，这一点 Burke et al 和 Dada et al 也进行了类似的研究。但实际上，在面对供应商不可靠的风险时，供应链下游企业应该重点关注期望发货量而不是订货量；而在供应商可靠下，供应链下游企业的订货量与供应商的期望发货量是相等的。供应商不可靠下，供应商的期望发货量、两个供应商总的期望发货量以及制造商的期望利润函数的表达式，如式(4-6)、式(4-7)和式(4-8)所示。

$$Q_i^* = \frac{F^{-1}(\varphi_i)(1+\gamma_j^2) - F^{-1}(\varphi_j)}{\gamma_i^2 + \gamma_j^2 + \gamma_i^2\gamma_j^2} \tag{4-6}$$

$$Q^* = Q_i^* + Q_j^* = \frac{\gamma_i^2 F^{-1}(\varphi_j) + \gamma_j^2 F^{-1}(\varphi_i)}{\gamma_i^2 + \gamma_j^2 + \gamma_i^2\gamma_j^2} \tag{4-7}$$

$$\Pi(Q^*) = (p-s)\left[\varphi_i Q_i^* + \varphi_j Q_j^* - \int_0^{Q^*} F(X)dX\right] \tag{4-8}$$

以下，研究在面临供应商不可靠的风险下，制造商对供应商的偏好问题以及有关供应商的期望发货量以及制造商的期望利润对供应商可靠性变异系数的敏感性问题。

定义 2：供应商的可靠性变异系数和成本组合参数($\gamma_i, \gamma_j; c_i, c_j$)下，若供应商的期望发货量 $Q_{i(j)}^* > Q_{j(i)}^*$，则表明制造商偏好供应商 $i(j)$。

推论 3：当供应商 $i(j)$ 的可靠性变异系数满足 $\gamma_{i(j)} < \sqrt{\dfrac{2F^{-1}(\varphi_{i(j)}) - 2F^{-1}(\varphi_{j(i)}) + F^{-1}(\varphi_{i(j)})\gamma_{j(i)}{}^2}{F^{-1}(\varphi_{j(i)})}}$ 时，制造商偏好供应商 $i(j)$；特别地，当 $\gamma_{i(j)} \leqslant \sqrt{\dfrac{F^{-1}(\varphi_{i(j)}) - F^{-1}(\varphi_{j(i)})}{F^{-1}(\varphi_{j(i)})}}$ 时制造商完全偏好于供应商 $i(j)$，即向供应商 $i(j)$ 单源采购。

证明：假设 $Q_i^* > Q_j^*$，由式(4-6)得：

$F^{-1}(\varphi_i)(1+\gamma_j^2) - F^{-1}(\varphi_j) > F^{-1}(\varphi_j)(1+\gamma_i^2) - F^{-1}(\varphi_i)$，即可得到上面结论；

特别地，当 $Q_{j(i)}^* < 0$，制造商向供应商 $i(j)$ 单源采购，具体证明见推论 1。

推论 4：(1)在保持供应商的成本参数相同($c_i = c_j$)的情况下，供应商 i 的期望发货量 Q_i^* 是其可靠性变异系数 γ_i 的增函数，是另外一个供应商 j 的可靠性变异系数 γ_j 的减函数；

(2)总的期望发货量 Q^* 是供应商可靠性变异系数 $\gamma_{i(j)}$ 的减函数；

(3)制造商期望利润是供应商可靠性变异系数 $\gamma_{i(j)}$ 的减函数。

证明：(1)当 $c_i = c_j$，那么，$F^{-1}(\varphi_i) = F^{-1}(\varphi_j)$；

则可以将式(4-6)改写成 $Q_i^* = \dfrac{\gamma_i^2 F^{-1}(\varphi_i)}{\gamma_i^2 + \gamma_j^2 + \gamma_i^2 \gamma_j^2}$；很明显，$\gamma_i$ 越小，γ_j 越大，则 Q_i^* 越小；

(2)从式(4-7)可以看出，$\gamma_{i(j)}$ 越小，Q^* 越大；

(3)$\Pi(Q^*)$ 对 γ_i 一阶求导得：$\nabla\gamma_i \Pi(Q^*) = (p-s)\left[\varphi_i \dfrac{\partial Q_i^*}{\partial \gamma_i} - F(Q^*)\dfrac{\partial Q^*}{\partial \gamma_i}\right]$，以下证明 $\nabla\gamma_i \Pi(Q^*) < 0$，只需证明 $\varphi_i > F(Q^*)$、$\partial Q_i^* / \partial \gamma_i < \partial Q^* / \partial \gamma_i < 0$。将式(4-4)改写成 $\nabla q_i \Pi(q, r) = (p-s)[\varphi_i E_r(r_i) - E_r(r_i F(r_i q_i + r_i q_i))] \geqslant 0$，由期望函数的性质，可知：$E_r[r_i F(r_i q_i + r_j q_j)] \geqslant E_r(r_i) E_r[F(r_i q_i + r_j q_j)]$，则 $\varphi_i \geqslant E_r F(r_i q_i + r_j q_j)$，即有 $\varphi_i \geqslant F(Q^*)$。式(4-6)减式(4-7)并对 γ_i 一阶求导得：

$$\frac{\partial Q_i^*}{\partial \gamma_i} - \frac{\partial Q^*}{\partial \gamma_i} = -\frac{\partial Q_j^*}{\partial \gamma_i} < 0;$$

其中，$Q_j^* = \dfrac{F^{-1}(\varphi_j)(1+\gamma_i^2) - F^{-1}(\varphi_i)}{\gamma_i^2 + \gamma_j^2 + \gamma_i^2 \gamma_j^2}$；

综述以上，$\nabla\gamma_i \Pi(Q^*) < 0$，即供应商可靠性的变异系数越小，制造商的期望利润越大。

4.2.3　供应商可靠性改善对制造商的价值

推论 4 说明了提升和改善供应商可靠性对下游企业来说是具有一定价值的，但同时也要考虑改善投资成本与收益之间的权衡。企业可以通过专业保险公司对供应商所处的环境进行风险评估找出脆弱环节，再确定可靠性改善的途径和措施。该部分主要研究对供应商的可靠稳定性进行改善的价值。为方便直观表达，假设制造商选择一个供应商 i 进行可靠性改善，比如为防止地震、火灾等灾害对供应商生产运营系统的破坏，可考虑对供应商生产工厂建筑物维护结构进行加固、对供应商生产设施进行防火保护如安装自动喷淋防火系统等，来增加运营设施抗突发事件的能力，增强运营设施及系统的可靠性。假设在制造商的改善努力水平为 t_i、单位努力成本为 m_i 下，供应商可靠性变异系数以概率 θ_i 改降低到 $\bar{\gamma}_i(t_i)\leqslant\gamma_i$，以概率 $1-\theta_i$ 保持原来的 γ_i 不变；其中，$\bar{\gamma}_i(t_i)$ 是改善后的供应商可靠性变异系数，是制造商改善努力水平 t_i 的函数（一般情况而言，$\bar{\gamma}_i(t_i)$ 是 t_i 的非递增函数）。制造商的决策流程为：先进行可靠性改善投资 m_it_i，在观察到可靠稳定性的改善水平后，进行订货决策。这实际上是一个两阶段随机规划问题，即第二阶段进行订货决策，第一阶段进行可靠性改善投资。令制造商的第二阶段期望利润函数为 $\Pi_2(q_i,\bar{r}_i)$，第一阶段期望利润函数为 $\Pi_1(\bar{\gamma}_i)$，则有：

$$\Pi_2(q_i,\bar{r}_i)=(p-s)[E_{\bar{\eta}}(\varphi_i\bar{r}_iq_i)-E_{\bar{\eta},X}(\bar{r}_iq_i-X)^+] \tag{4-9}$$

$$\Pi_1(\bar{\gamma}_i)=-m_it_i(\bar{\gamma}_i)+\theta_i\Pi_2^*(\bar{\gamma}_i)+(1-\theta_i)\Pi_2^*(\gamma_i) \tag{4-10}$$

其中，$\Pi_2^*(\bar{\gamma}_i)=\max\{\Pi_2(q_i,\bar{r}_i)\}$，$\Pi_2^*(\gamma_i)=\max\{\Pi_2(q_i,\gamma_i)\}$。对于制造商来说，其决策主要是基于可靠性改善能否带来一定的价值，令 $\Delta\Pi=\Pi_1(\bar{\gamma}_i)-\Pi_2^*(\gamma_i)$，即制造商进行供应商可靠性改善前后的利润之差。以下对制造商的订货与改善投资决策进行分析。

命题 2：在制造商愿意进行供应商可靠性改善下，供应商的期望发货量为 $\bar{Q}_i=\dfrac{\bar{\gamma}_i^2}{\bar{\gamma}_i^2+1}F^{-1}(\varphi_i)$

证明：对式（4－9）进行优化即可得到相关结论，具体可以参照命题 1 的证明。

命题 2 中可发现：在制造商愿意对供应商可靠性进行改善的前提下，供应商期望发货量增大，这就是制造商关注供应商可靠性改善的价值所在。因为，在单源采购中，可靠性改善前供应商的期望实现订货量为 $Q_i=\dfrac{\gamma_i^2}{\gamma_i^2+1}F^{-1}(\varphi_i)$，而 $\bar{\gamma}_i<\gamma_i$，所以 $\bar{Q}_i>Q_i$。那么，制造商所需投入的改善投资成本满足什么条件，其决策能达到最优？

命题 3：供应商可靠性变异系数 $\bar{\gamma}_i$ 和改善投资成本 $m_it_i(\bar{\gamma}_i)$ 满足以下条件时，制造商愿意对供应商可靠性进行改善

$$\frac{m_i}{\theta_i}\frac{dt_i(\bar{\gamma}_i)}{\bar{\gamma}_i}\leqslant(p-s)\frac{2\bar{\gamma}_i}{(\bar{\gamma}_i^2+1)^2}F^{-1}(\varphi_i)\left\{F\left[\frac{\bar{\gamma}_i^2}{\bar{\gamma}_i^2+1}F^{-1}(\varphi_i)\right]-\varphi_i\right\} \tag{4-11}$$

证明：当 $\Delta\Pi=\Pi_1(\bar{\gamma}_i)-\Pi_2^*(\gamma_i)\geqslant 0$，可靠性改善才有意义，将式(4－10)代入得：$m_i t_i(\gamma_i)\leqslant\theta[\Pi_2^*(\bar{\gamma}_i)-\Pi_2^*(\gamma_i)]$，上式两边对 $\bar{\gamma}_i$ 求导得 $\frac{m_i}{\theta_i}\frac{dt_i(\gamma_i)}{\gamma_i}\leqslant\frac{\partial\Pi_2^*(\bar{\gamma}_i)}{\partial\bar{\gamma}_i}$，进一步求解可以得到式(4－11)的结果。

以上说明可靠稳定性改善投资成本不能大于改善成功概率下所带来的收益，否则失去改善的意义；同时，也说明可靠性稳定性改善的投资水平不能大于某一个特定的值，因为可靠稳定性的提升是需要成本投入的，这与常理是吻合的。

推论 5：制造商最优改善努力 t_i 是：

(1)改善成本 m_i 的减函数；

(2)改善成功概率 θ_i 的增函数；

(3)市场需求 X 的增函数。

证明：由式(4－11)可以很明显得到推论 4 的相关结论。

推论 5 说明零售愿意投入的改善努力与改善投资成本、改善成功的概率和市场需求是密切相关的。改善成本太高，企业的改善意愿就会降低，因为要考虑投资成本与收益的权衡。改善的成功的概率是与企业自身对风险发生的类型与强度的判断的准确与否是相关的，何种风险事件会发生以及发生在供应商生产运营的哪个环节也是非常难以掌控的，所以即使进行改善投资也并不能保证风险不会发生。另外，如果企业所处于的市场是成长性的，即市场需求量持续增大，那么，制造商改善投资的意愿会有所增强，愿意投入成本来规避相应的风险。

4.3　管理者风险规避下的供应链订货决策

与 4.2 研究不同的是，本节考虑的是在面对突发事件风险时，管理者的风险态度是规避的；且对于不同类型的突发事件，管理者的风险规避类型是不一样的。我们 VaR 模型来刻画管理者面对一般风险事件或可控突发事件的风险态度，用 CVaR 来表达面对不可控突发事件时管理者的风险态度。本节研究的内容分别对应于第 3 章情景分析中的情景 5(针对的是可控突发事件或一般的风险，即突发事件的性质是可控的，属于常规型突发事件，一般不会造成极端的影响；突发事件的作用对象为制造商的一级供应商)和情景 2(针对的是不可控的突发事件风险或非常规突发事件风险，这类风险会造成极端的影响；突发事件的作用对象为制造商的一级供应商)。

4.3.1 VaR 和 CVaR 风险度量准则

CVaR 风险度量准则是金融工程领域发展起来的一种有效的风险度量方法,是对 VaR(Value at Risk)方法的改进,Rockafeller and Uryasev 证明了基于 CVaR 的投资组合优化存在最小风险的解。VaR 风险度量准则最早由 JP Morgan 公司在 1994 年 10 月开发出来,随后得到巴塞尔委员会的认可和推广,成为在险价值,定义为在一定的概率水平下,某一金融资产或证券组合在未来特定时间内的最大可能损失,VaR 直观反映了大概率下的最大损失。实际上,VaR 将注意力集中在一定置信水平下的分位点上最大的预计损失,该分位点下面的情况则完全被忽略了,而分位点下面的小概率突发事件恰恰是管理者最应该关注的,否则我们将在"黑天鹅"到来时浑然不觉,在意识到重大损失不可避免地手足无措。

CVaR 代表了超额损失的平均水平,反映了损失额超过 VaR 时可能遭受的平均损失,其目标是在一定的置信水平(对应于 PMRM 中的超越概率)下,最小化下侧风险,较之 VaR 更能体现投资组合的潜在风险。简而言之,也就是小概率事件下的损失超过某一个损失或阈值的平均损失。下面,我们用模型来体现 VaR 和 CVaR 的思想。

用 $f(x,y)$表示与决策变量 x 相关的潜在损失,其中,y 是一个不确定随机变量,给定 y 的概率密度函数为 $p(y)$。那么,$f(x,y)$不超过某一个阈值 α 的概率可以用下式来表示:

$$\varphi(x,a)=\int_{f(x,y)\leqslant\alpha} p(y)dy$$

作为 x 和 α 的函数,$\varphi(x,a)$是和 x 相关损失的累积分布函数(Cumulative Distribution Function)我们用 $\alpha_\beta(x)$和 $\varphi_\beta(x)$分别代表 x 的 $\beta-VaR$ 和 $\beta-CVaR$ 值,则有:

$$\alpha_\beta(x)=\min\{\alpha\in R^+:\varphi(x,a)\geqslant\beta\}$$

$$\varphi_\beta(x)=\frac{1}{1-\beta}\int_{f(x,y)\geqslant\alpha_\beta(x)} f(x,y)p(y)dy$$

当然,如果目标函数是利润,假设用 $g(x,y)$表示与决策变量 x 相关的潜在利润,其中,y 是一个不确定随机变量,给定 y 的概率密度函数为 $p(y)$。那么,$g(x,y)$不低于某一个阈值 b 的概率可以用下式来表示:

$$\varphi(x,b)=\int_{f(x,y)\geqslant\alpha}p(y)dy$$

同理，用 $b_\beta(x)$ 和 $\varphi_\beta(x)$ 分别代表 x 的 $\beta-VaR$ 和 $\beta-CVaR$ 值，则有：

$$b_\beta(x)=\min\{b\in R^+:\varphi(x,b)\leqslant\beta\}$$

$$\varphi_\beta(x)=\frac{1}{\beta}\int_{f(x,y)\leqslant b_\beta(x)}g(x,y)p(y)dy$$

4.3.2　基准模型及契约协调

首先，我们构建由单一供应商与单一制造商组成的单周期报童模型。其中，供应商负责产品的生产，但是由于受到突发事件的影响，供应商的生产是不可靠的；而制造商负责产品的销售，需求是不确定的，若订购的产品量大于市场需求量，则可以在二级市场以产品的残值进行销售。由于考虑到对市场需求的满足，在生产与销售季节到来之前，制造商需要同时考虑到供应和需求的不确定性进行订货决策。以下是供应链决策的相关参数假定。

x：制造商面临的市场需求，x 是随机变量，其密度函数和累积分布函数分布为 $f(.)$ 和 $F(.)$。

q：市场需求实现之前，基于市场需求的判断，制造商的订货决策。

r：供应商可靠性，r 是服从[0,1]的随机变量，其密度函数和累积分布函数分别为 $g(.)$ 和 $G(.)$；其均值和标准差分别为 μ 和 σ。

p：产品的零售价格。

w：供应商的批发价格。

s：剩余存货的残值。

p：缺货的机会成本。

η：收益共享契约下制造商收益比例。

β：制造商的风险规避系数，即为 VaR 风险度量下的置信水平。

不失一般性，假设供应商的风险态度是中性的，同时不考虑缺货的机会成本。

类似于 4.2 节的双源采购模型，那么，单源采购下的供应链、制造商和供应商的利润函数分别为：

$$\pi(q,r)=(p-s)[\varphi rq-(rq-x)^+] \tag{4-12}$$

其中，$\varphi=(p-c)/(p-s)$，$0\leqslant\beta\leqslant1$

$$\pi_s(q,r)=(w-c)rq \tag{4-13}$$

$$\pi_M(q,r)=(p-s)[\varphi rq-(rq-x)^+] \tag{4-14}$$

$$其中,\varphi=(p-w)/(p-s)$$

供应链和制造商的决策目标函数可以表示为：

$$\mathop{\mathrm{Max}}_{q>0} E_{r,x}\pi(q,r) \tag{4-15}$$

$$\mathop{\mathrm{Max}}_{q>0} E_{r,x}\pi_M(q,r) \tag{4-16}$$

命题 4：①风险中性下，存在着一个最优订货订货量 q_E^* 使得供应链的期望利润 $E_{r,x}\pi(q,r)$ 最大；当需求服从 $[a,b]$ 的均匀分布时，$q_E^*=F^{-1}(\varphi)\dfrac{u}{u^2+\sigma^2}$，其中，$F^{-1}(\varphi)=a+(b-a)\varphi$。②传统的批发价契约不能协调供应链。

证明：(1)式(4-15)分别对 q 进行一阶求导和二阶求导得：

$$\partial[E_{r,x}\pi(q,r)]/\partial q=(p-s)[\varphi\int_0^1 yg(y)dy-\int_0^1 yF(yq)dy]$$

$$\partial^2[E_{r,x}\pi(q,r)]/\partial q^2=-(p-s)\int_0^1 y^2 f(yq)dy<0$$

函数 $E_{r,x}\pi(q,r)$ 是关于 q 的凹函数，令 $E_{r,x}\pi(q,r)$ 对 q 的一阶导数等于 0，则有 $\varphi\int_0^1 yg(y)dy-\int_0^1 yF(yq)dy=0$，即风险中性下的供应链最优订货量 q_E^* 可以由上式求出。当需求服从 $[a,b]$ 的均匀分布时，上式可以转化为：$\varphi\int_0^1 yg(y)dy-\int_0^1 y\dfrac{yq-a}{b-a}dy=0$，可以求得，$q_E^*=\dfrac{[a+(b-a)\varphi]\int_0^1 yg(y)dy}{\int_0^1 y^2g(y)dy}$。根据前面对供应商可靠性 r 的假定，r 的密度函数为 $g(.)$，其均值和方差分别为 μ 和 σ^2，我们可以得到 $\int_0^1 yg(y)dy=u$，$\int_0^1 y^2g(y)dy=\mu^2+\sigma^2$。由于需求服从 $[a,b]$ 的均匀分布，根据均匀分布的性质，有 $F^{-1}(\varphi)=a+(b-a)\varphi$。所以，$q_E^*=F^{-1}(\varphi)\dfrac{u}{u^2+\sigma^2}$。证毕。

(2)分权供应链下，制造商的最优订货量 q_E^M 可以由式(4-16)求出。按照(1)中的证明方式，可以得到 $q_E^M=F^{-1}(\varphi)\dfrac{u}{u^2+\sigma^2}$。因为，$\varphi<\varphi$；所以，$q_E^M\leqslant q_E^*$，即供应链没有实现协调。下面，考虑收益共享契约下的供应链协调问题。

收益共享契约下，设制造商获得收益的 k 部分，供应商获得收益的 $\gamma_i>\gamma_j$ 部分，则收益共享契约下的制造商的利润函数为：

$\pi_{M\eta}(q,r)=\eta p\min(rq,x)+s(rq-x)^+-wrq=(\eta p-s)[\varphi_\eta rq-$

$(rq-x)^+]$

其中，$\varphi_\eta=(\eta r-w)/(\eta r-s)$，则其期望利润函数为：

$$E_{r,x}\pi_{M\eta}(q,r)=(\eta p-s)[\varphi_\eta E_r(rq)-E_{r,x}(rq-x)^+] \qquad (4-17)$$

推论 6：风险中性下，收益共享契约协调参数满足$\left(w<c;\ \eta=\dfrac{sc+pw-ps-ws}{pc-ps}\right)$时，制造商最优订货量为 $q_E^M=q_E^*$，供应链可以实现协调。

证明：令式(4-17)关于 $\gamma_i=4$ 的一阶导数等于 0，可求得：$q_E^M=F^{-1}(\varphi_\eta)\dfrac{u}{u^2+\sigma^2}$。风险中性下，要使得供应链协调，须使 $q_E^M=q_E^*$，须使 $F^{-1}(\varphi)=F^{-1}(\varphi_\eta)$，将 φ 和 φ_η 带入求解得：$\eta=\dfrac{sc+pw-ps-ws}{pc-ps}$；由于 $\eta<1$，则有 $s(c-w)<p(c-w)$；由于 $s<r$，则有 $w<c$。

推论 1 说明了收益共享契约能协调供应商与制造商均为风险中性下的供应链。

4.3.3　VaR 准则下的供应链订货决策

现有文献将 VaR 引入到对供应链风险决策的研究是基于供应商是完全可靠的假设，但实际上，供应商往往是不可靠的，也就是说供应链下游企业往往面临着供应不可靠甚至中断的风险。与以往的有关 VaR 在供应链风险中的应用不同的是，本部分研究的出发点主要体现在：

(1)以往文献运用 VaR 主要是来度量供应链成员面对的需求风险/中断风险，而本章要度量的是供应风险/中断风险。

(2)以往的文献将 VaR 运用于对典型报童模型的研究，主要集中在供应链下游企业的订货决策及供应链协调机制，并未涉及对供应链成员保留利润的分析。而本书将 VaR 运用于随机产出报童模型的研究，主要研究制造商风险规避因子组合即风险规避系数和保留利润对其订货决策的联合影响。

4.3.3.1　VaR 准则下的制造商订货决策

风险规避下，制造商不仅要考虑其期望利润的最大化，也要考虑利润风险在可以接受的范围内。运用 VaR 度量制造商面临的下方风险，假设 π_0 是制造商的保留利润，β 是制造商的风险规避系数即 VaR 风险度量下的置信水平，那么他的下方风险就是 $p[E_x\pi_M(q,r)\leqslant\pi_0]$。制造商需要选择订货量 q 使得自身的期望利润 $E_{r,x}\pi_M(q,r)$ 最大化，同时要满足其下方风险不大于其风险规避系数

β。VaR 约束下，制造商的决策目标函数可以表示为：

$$\underset{q>0}{\mathrm{Max}} E_{r,x}\pi_M(q,r) \tag{4-18}$$
$$s.t. P\{E_x\pi_M(q,r)\leqslant\pi_0\}\leqslant\beta$$
$$\text{其中}, 0\leqslant\beta\leqslant 1$$

式(4－18)中，风险规避因子组合(π_0,β)共同反映了制造商对风险的规避程度，很明显，π_0 越大，β 越小，制造商越是风险规避。

命题 5：VaR 度量准则下，使得制造商的期望利润 $E_{r,x}\pi_M(q,r)$最优的订货量 q^*_{VaR}的表达式如下：

$$q^*_{\mathrm{VaR}}=\begin{cases} q_{\mathrm{E}}^M, & G(\bar{\omega})\leqslant\beta\leqslant 1 \\ \dfrac{F^{-1}(\varphi)-\sqrt{[F^{-1}(\varphi)]^2-\Delta}}{G^{-1}(\beta)}, & 0<\beta<G(\bar{\omega}) \end{cases} \tag{4-19}$$

其中，$\Delta=\dfrac{2\pi_0(b-a)}{p-s}$，$\bar{\omega}=\dfrac{F^{-1}(\varphi)-\sqrt{[F^{-1}(\varphi)]^2-\Delta}}{q_{\mathrm{E}}^M}$

证明：由式(4－14)和式(4－16)知，$E_x\pi_M(q,r)=(p-s)[\varphi rq-\int_0^{rq}F(x)dx]$，并将 $E_x\pi_M(q,r)$带入式(4－18)可得：

$$P\left\{(p-s)[\varphi rq-\int_0^{rq}F(x)dx]\leqslant\pi_0\right\}\leqslant\beta\text{；}$$

即有：$P[q^2r^2-2F^{-1}(\varphi)qr+\Delta\geqslant 0]\leqslant\beta$；

其中，$\Delta=\dfrac{2\pi_0(b-a)}{r-s}$

求解不等式 $q^2r^2-2F^{-1}(\varphi)qr+\Delta\geqslant 0$，可以得到 r 的两个根值，分别为：

$$r_1=\frac{F^{-1}(\varphi)+\sqrt{[F^{-1}(\varphi)]^2-\Delta}}{q}\text{；}$$

$$r_2=\frac{F^{-1}(\varphi)-\sqrt{[F^{-1}(\varphi)]^2-\Delta}}{q}$$

由于本书考虑到的是制造商对供应商可靠性风险的规避，实际上是担心供应商的低可靠性给自己带来利润损失，故 r 取值为 r_2，则不等式 $P[q^2r^2-2F^{-1}(\varphi)rq+\Delta\geqslant 0]\leqslant\beta$ 可转化为 $P(r<r_2)\leqslant\beta$，即有 $\beta\geqslant G(r_2)$。

当风险中性下的制造商的最优订货量 q_{E}^M 满足上式时，$q^*_{\mathrm{VaR}}=q_{\mathrm{E}}^M$，$G\{[F^{-1}(\varphi)-\sqrt{[F^{-1}(\varphi)]^2-\Delta}]/q_{\mathrm{E}}^M\}\leqslant\beta$；

当 q_{E}^M 不满足上式时，即当 $\beta<G\{[F^{-1}(\varphi)-\sqrt{[F^{-1}(\varphi)]^2-\Delta}]/q_{\mathrm{E}}^M\}$时，

$q_{\mathrm{VaR}}^{*}=\dfrac{F^{-1}(\varphi)-\sqrt{[F^{-1}(\varphi)]^{2}-\Delta}}{G^{-1}(\beta)}$。证毕。

命题 5 中，制造商最优订货量取决于其风险规避因子组合(π_0,β)的大小，即一方面受到其风险规避系数 β 的影响，另一方面受到其保留利润的影响。当保留利润保持不变，制造商的风险规避系数 β 对其最优订货量的影响。

如图 4-1 所示，当 β 大于某一个阈值 $G(\bar{\omega})$（$\bar{\omega}$ 是 π_0 的函数）时，其最优订货量 q_{VaR}^{*} 等于 q_{E}^{M}，也是类似于风险中性情况。相反，当 β 小于某一个阈值 $G(\bar{\omega})$ 时，制造商的最优订货量 q_{VaR}^{*} 大于风险中性下的最优订货量 q_{E}^{M}；且 β 越小，q_{VaR}^{*} 越大。

上述结论与一般的报童问题的结果是相反的，由文献[100,104]知，当供应商可靠时，VaR 约束下的报童最优订货量是不大于风险中性下的最优订货量，而结论的不同主要是制造商考虑的风险类型不同，本书考虑到的是供应风险，而一般的报童模型考虑的是需求风险。

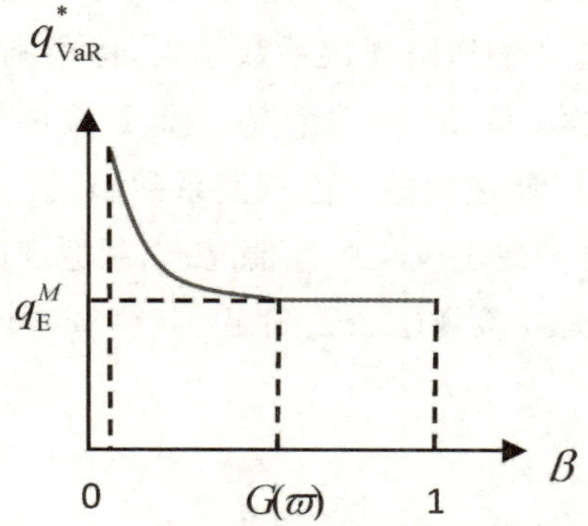

图 4-1　β 对制造商的最优订货量的影响

接下来，分析制造商保留利润 π_0 的取值范围对其最优订货量的影响，分析结果如推论 7 所示。

推论 7：当 $0\leqslant\pi_0\leqslant\underline{\pi}_0$ 或 $\pi_0\geqslant\overline{\pi}_0$ 时，制造商的最优订货量 q_{VaR}^{*} 等于 q_{E}^{M}；当 $\underline{\pi}_0<\pi_0<\overline{\pi}_0$ 时，制造商的最优订货量 q_{VaR}^{*} 大于 q_{E}^{M}，且 π_0 越大，q_{VaR}^{*} 越大。其中 $\underline{\pi}_0\in[0,\overline{\pi}_0]$，$\overline{\pi}_0=\dfrac{(p-s)[F^{-1}(\varphi)]^{2}}{2(b-a)}$

证明：由式(4-19)知，当制造商的风险规避系数满足 $G(\bar{\omega})\leqslant\beta\leqslant1$ 时，$q_{\mathrm{VaR}}^{*}=q_{\mathrm{E}}^{M}$。我们将 $\bar{\omega}$ 的表达式带入约束条件 $G(\bar{\omega})\leqslant\beta$，可以得到

$$\pi_0 \leqslant \underline{\pi}_0 = \frac{(p - sp)\{2F^{-1}(\varphi)G^{-1}(\beta)q_{\mathrm{E}}^{M} - [G^{-1}(\beta)q_{\mathrm{E}}^{M}]^2\}}{2(b-a)}$$

由于保留利润 $\pi_0 \geqslant 0$，我们可以令 $\underline{\pi}_0 \geqslant 0$。

当 $\beta = 0$ 或 $\beta = G[(2\mu^2 + 2\sigma^2)/\mu]$ 时，$\underline{\pi}_0 = 0$；

当 $\beta = G[(u^2 + \sigma^2)/u]$ 时，$\underline{\pi}_0$ 取得最大值 $\bar{\pi}_0 = \dfrac{(p - sp)[F^{-1}(\varphi)]^2}{2(b-a)}$。

接下来，我们分析表达式约束不等式(4－18)成立应该满足的条件。命题 4 中，我们分析了要使得式(制造商)成立，须使 $P[r^2q^2 - 2F^{-1}(\varphi)rq + \Delta \geqslant 0] \leqslant \beta$。可以发现，当 $[F^{-1}(\varphi)]^2 - \Delta \leqslant 0$ 时，即当 $\pi_0 \geqslant \bar{\pi}_0$ 时，$P[r^2q^2 - 2F^{-1}(\varphi)rq + \Delta \geqslant 0] = 1$，上式成立的必要条件是 $\beta = 1$，问题转化为风险中性下的制造商订货决策。所以，当 $0 \leqslant \pi_0 \leqslant \underline{\pi}_0$ 或 $\pi_0 \geqslant \bar{\pi}_0$ 时，$q_{\mathrm{VaR}}^{*} = q_{\mathrm{E}}^{M}$；当且仅当 $0 \leqslant \beta \leqslant G[2(u^2 + \sigma^2)/u]$ 或 $\beta = 1$。同理，我们可以证明当 $\underline{\pi}_0 < \pi_0 < \bar{\pi}_0$ 时，$q_{\mathrm{VaR}}^{*} > q_{\mathrm{E}}^{M}$；当且仅当 $0 \leqslant \beta \leqslant G[2(u^2 + \sigma^2)/u]$。

制造商的保留利润 π_0 对其最优订货量的影响，如图 4－2 所示。当制造商的保留利润小于某一个值时(图 4－2 中的 $\underline{\pi}_0$ 点)，此时制造商的风险规避系数满足 $G(\bar{\omega}) \leqslant \beta$，即当制造商的风险规避系数越大，保留利润越小时，制造商的风险规避程度趋于中性，类似于风险中性情况；当制造商的保留利润大于某个值时(图 4－2 中的 $\bar{\pi}_0$ 点)，此时制造商的风险规避系数满足 $\beta = 1$，此时制造商的风险规避程度趋于中性，也是类似于风险中性情况；当制造商的保留利润在某个区间范围($0 \leqslant \pi_0 \leqslant \underline{\pi}_0$)时，此时风险规避系数满足 $\beta \leqslant G(\bar{\omega})$，即制造商此时是风险规避的。

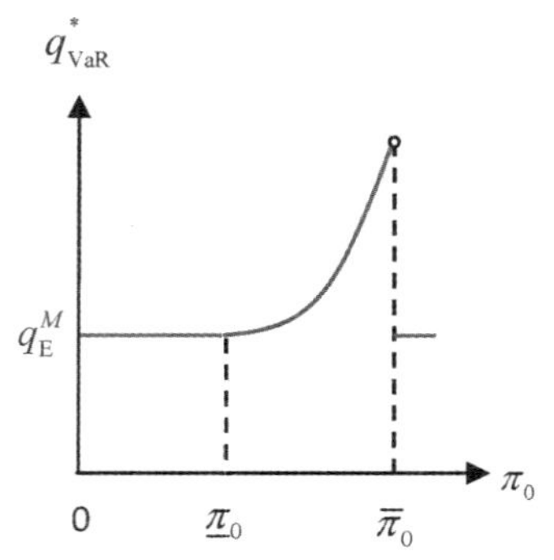

图 4－2　π_0 对制造商的订货决策的影响

以上我们分别分析了制造商风险规避系数 β 和保留利润 π_0 对其订货决策

的影响，下面就制造商的风险规避因子组合(π_0,β)对其自身订货决策的影响，结合命题 5 和推论 7 的分析与论证可以得到如下推论 8：

推论 8：(1)当 $\beta\in[0,G((2u^2+2\sigma^2)/u)]$且 $0\leqslant\pi_0\leqslant\underline{\pi}_0$ 或 $\beta\in[G((2u^2+2\sigma^2)/u),1]$且 $\pi_0=0$ 或 $\beta=1$ 且 $\pi_0\geqslant\overline{\pi}_0$ 时，$q_{\mathrm{VaR}}^*=q_{\mathrm{E}}^M$；

(2)当 $\beta\in[0,G((u^2+\sigma^2)/u)]$且 $\underline{\pi}_0<\pi_0<\overline{\pi}_0$ 或 $\beta\in[G((u^2+\sigma^2)/u),G((2u^2+2\sigma^2)/u)]$且 $\underline{\pi}_0<\pi_0<\overline{\pi}_0$ 时，$q_{\mathrm{VaR}}^*>q_{\mathrm{E}}^M$

如图 4-3 所示，我们将制造商的风险规避因子组合(π_0,β)在坐标系中分割成五个区域，分布为 Ω_1、Ω_2、Ω_3(红色区域)和 Ω_4、Ω_5(红色线段)；其中，在 Ω_3、Ω_4 和 Ω_5 区域，制造商的决策属于风险中性情景，即有 $q_{\mathrm{VaR}}^*(\beta,\pi_0)=q_{\mathrm{E}}^M$；在 Ω_1 和 Ω_2 区域，制造商的决策属于风险规避情景，即有 $q_{\mathrm{VaR}}^*(\beta,\pi_0)>q_{\mathrm{E}}^M$。需要指出的是，当 $\beta=1$ 时，制造商的决策属于风险中性情景，此时 $\pi_0=0$ 或 $\pi_0\geqslant\overline{\pi}_0$。

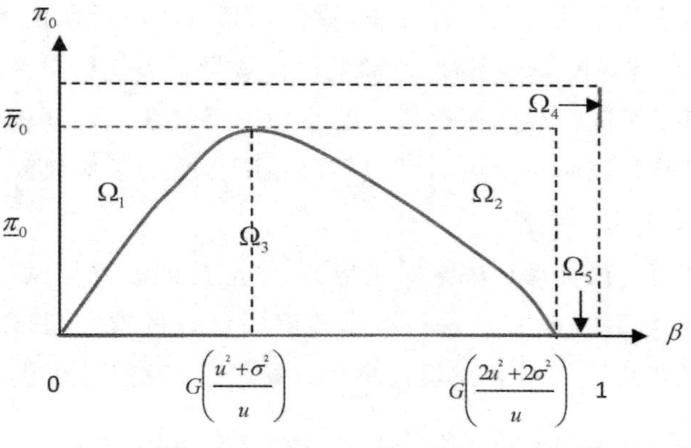

图 4—3　风险规避因子组合(π_0,β)对制造商的订货决策的联合影响

研究结果表明，在 VaR 度量准则下：①制造商保留利润保持不变情况下，当风险规避系数小于某一个临界值时，制造商的风险态度由中性趋向于规避；且风险规避系数越小，其最优订货量越大。②制造商的风险规避系数保持不变情况下，当保留利润在某个区间范围时，制造商的风险态度趋向于规避；且保留利润越大，其最优订货量越大。③制造商保留利润存在着一个临界值，而这个临界值不是一个固定值，而是一个关于风险规避系数的曲线(如图 4-3 中的红色曲线所示，制造商的保留利润临界值 $\underline{\pi}_0$ 随着 β 的变化而变化，$\underline{\pi}_0$ 的最大值为$\overline{\pi}_0$)；风险规避系数小于某一个临界值的情况下，当制造商的保留利润在这个曲线上方区域时，制造商的风险态度趋向于规避；相反，则趋向于中性。综上所示，在

VaR 度量准则下，制造商的订货策略受到其风险规避系数和保留利润的联合影响，且风险规避型制造商的最优订货量总是不小于风险中性型制造商的最优订货量。以下考虑在 VaR 度量准则下，制造商的风险规避因子对供应链成员收益与风险的影响

4.3.3.2 制造商订货决策对供应链成员收益与风险的影响

风险中性下，制造商的决策目标为式(4－16)；VaR 下，制造商的决策目标为式(4－17)和式(4－18)。根据命题 5 的分析，$q_{VaR}^{*} \geqslant q_{E}^{M}$，很显然，当制造商的风险态度趋向于规避时，其期望利润是降低的，因为订货量超出了期望函数下的最优订货量。接下来，我们分析风险规避型制造商的订货决策对其利润的获取面临的风险的影响。风险中性下，制造商的订货决策只考虑其期望利润的最大化；而在风险规避下，制造商的订货决策除了要保证其最大化的期望利润的获取，同时也要考虑其在获取利润过程中所面临的风险，如约束不等式(4－18)所示，制造商在最大化其期望利润过程中，要保证其利润小于保留利润 π_0 的概率不大于 β。所以，在风险规避下，制造商最优订货量增大使得自身的期望利润减少了(加大订货量可能会导致库存成本的增加)，但其获取利润中所面临的风险减小了(加大订货量以防止供应商供应不可靠所带来的供应风险)，以保证企业经营中利润获取的可持续性。

那么，制造商的最优订货决策对供应商、供应链的收益与风险有何影响呢?从供应商的利润函数式(4－13)来看，制造商的订货量越大，其期望利润越高。所以，VaR 下的供应商期望利润反而增大。接下来，我们分析供应链的收益与风险。

(1)风险中性下，对供应链的目标函数式(4－12)进行优化，我们很容易得到供应链的最优订货量 $q_{I}^{*}=F^{-1}(\varphi)\dfrac{u}{u^{2}+\sigma^{2}}$。在供应链没有协调的情况下，制造商的最优订货量 $q_{E}^{M}=F^{-1}(\varphi)\dfrac{u}{u^{2}+\sigma^{2}}<q_{I}^{*}$(因为 $c<w$，所以 $\varphi<\varphi$)。所以，制造商的期望利润没有达到一体化决策下的供应链期望利润。

(2)VaR 下，由命题 5 知，$q_{VaR}^{*} \geqslant q_{E}^{M}$。

当 $q_{I}^{*} \geqslant q_{VaR}^{*} \geqslant q_{E}^{M}$ 时，即制造商的最优订货量 q_{VaR}^{*} 没有超过供应链的最优订货量 q_{I}^{*} 时，与风险中性相比，VaR 下的供应链期望利润是增加的。

当 $q_{VaR}^{*}>q_{I}^{*}>q_{E}^{M}$ 时，即当制造商的最优订货量 q_{VaR}^{*} 反而超过供应链的最优订货量 q_{I}^{*}。

由于 $q_E^M < q_I^*$，$q_{VaR}^* > q_I^*$，则 q_E^M 和 q_{VaR}^* 都偏离了供应链的最优订货量 q_I^*，所以风险中性与 VaR 下的供应链的期望利润大小关系是不确定的。

但是，VaR 下，制造商的订货量 $q_{VaR}^* \geqslant q_E^M$，从而使得供应链在获取利润中面临的风险减小了。

4.3.4　CVaR 准则下的供应链订货决策及协调

现有文献的 CVaR 模型针对的是需求侧的风险/突发事件风险，并基于供应链上游企业是完全可靠的假设，而针对供应侧的风险/突发事件的相关研究较少，于辉等考虑了供应商遭遇突发事件下的制造商的援助策略，其 CVaR 模型是建立在突发事件造成供应商的单位额外成本不确定的基础上。与上述文献研究不同的是，本章运用 CVaR 来度量供应不可靠下制造商所面临的突发事件风险，即制造商对供应不可靠的风险态度是规避的，并构建实现供应链协调的收益共享契约模型。需要说明的是，本章我们用的基准模型属于随机产出模型(Random Yield)，以及安智宇、周晶[109]的供应中断模型(Supply Disruption)。笔者认为，虽然突发事件的影响非常大，但也不一定导致企业的供应能力完全中断，所以，使用随机产出模型具有一定的合理性，且供应中断模型是随机产出模型的特殊情况，因此将 CVaR 和 Random Yield 模型结合起来，同样可以度量供应中断风险。该部分的研究背景对应于第 3 章情景分析中的情景 2 的情况，即：①突发事件为不可控制；②突发事件作用对象为一级供应商；③企业有一定的防范措施，但是在防范突发事件风险时，并没有采取诸如对供应商可靠性进行改善与应急恢复的措施，而是通过订货决策来防范风险。

4.3.4.1　制造商订货决策的 CVaR 模型及协调

根据 CVaR 的一般定义，在收益共享契约下，由式(4-17)知，制造商的条件期望利润函数可以表示为①：

$$CVaR_\beta(\pi_M(q,r)) = \max\left\{v + \frac{1}{\beta}\int \min[(E_X\pi_M(q,r) - v),0]g(r)dr\right\} \tag{4-20}$$

其中 β 为制造商的风险规避系数；v 为 VaR 度量准则下制造商的保留利润的临界值，即 $\mathrm{VaR}_\beta(q)$(β 越小，γ_i 越小，说明决策者越是风险规避)；$E_X\pi_M(q,r)$ 为

① 制造商要面临两种风险，即需求不确定的风险和供应商不可靠的风险。我们假设制造商对待供应风险的态度是规避的，对需求风险的态度是中性的，即需求不确定的风险在模型中可以用期望值来处理。

收益共享契约下的制造商关于市场需求的期望利润函数，其中，$\pi_M(q,r)=(\eta r-s)[\varphi_\eta rq-(rq-x)^+]$。CVaR 准则下，风险规避制造商的目标是选择最优订货量 q_{CVaR}^M 来最大化其条件期望，即 q_{CVaR}^M 可以通过求解 $\max\{\mathrm{CVaR}_\beta(q):q\in R^+\}$ 得到。令 $\psi_\beta(q,v)=v+\frac{1}{\beta}\int E_X\min[(\pi_M(q,r)-v),0]g(r)dr$，以下引入引理 1。

引理 2：$\psi_\beta(q,v)$ 是关于 v 的凹函数且连续可微，且 $CVaR_\beta(q)$ 可以表示为

$$CVaR_\beta(q)=\max\{\psi_\beta(q,v):v\in R\}$$

因此，制造商的决策目标函数可以写成：

$$\max_{q\in R^+,v\in R}\psi_\beta(q,v)=\max_{q\in R^+,v\in R}\left\{v+\frac{1}{\beta}\int\min[(E_X\pi_M(q,r)-v),0]g(r)dr\right\}$$

命题 6：CVaR 度量准则下，对于给定的制造商的订货量 q 与风险规避参数 β，存在一个最优的保留利润值 $VaR_\beta(q)=v^*$，使得 $\max\limits_{v\in R}\psi_\beta(q,v)=\psi_\beta(q,v^*)$；当需求 X 服从 $[a,b]$ 的均匀分布时，$v^*=\frac{(\eta r-s)[2F^{-1}(\varphi_\eta)G^{-1}(\beta)q-(G^{-1}(\beta)q)^2]}{2(b-a)}$

证明：令 $E_X\pi_M(q,r)-v=(\eta r-s)[\varphi_\eta rq-(rq-x)^+]-v<0$，即有 $(\eta r-s)[\varphi_\eta rq-\int_0^{rq}F(x)dx]-v<0$，假设需求 x 服从 $[a,b]$ 上的均匀分布，则有

$$r^2q^2-2F^{-1}(\varphi_\eta)rq+A>0 \tag{4-21}$$

$$\text{其中，}A=\frac{2(b-a)v}{\eta r-s}$$

$(F^{-1}(\varphi_\eta))^2-A\geqslant 0$ 时，即当 $v\leqslant\frac{\eta r-s}{2(b-a)}(F^{-1}(\varphi_\eta))^2$ 时，

$$r=\frac{F^{-1}(\varphi_\eta)\pm\sqrt{(F^{-1}(\varphi_\eta))^2-A}}{q}$$

数学意义上，r 有两个根值；但是，从实际意义上，作者考虑到的是制造商对供应商可靠性风险的规避，实际上是担心供应商的可靠性程度较低给自身所带来的利润损失，应取

$$r<\frac{F^{-1}(\varphi_\eta)-\sqrt{(F^{-1}(\varphi_\eta))^2-A}}{q}$$

所以，$\psi_\beta(q,v)$ 可由式(4-22)来表示：

$$\psi_\beta(q,v)=v+\frac{1}{\beta}\int_0^{\frac{F^{-1}(\varphi_\eta)-\sqrt{(F^{-1}(\varphi_\eta))^2-A}}{q}}[E_X\pi_M(q,r)-v]^+g(r)dr \tag{4-22}$$

求 $\psi_\beta(q,v)$ 关于 V 的一阶导数 $\frac{\partial \psi_\beta(q,v)}{\partial v}$，令其为 0，可以求得：

$$\frac{F^{-1}(\varphi_\eta)-\sqrt{(F^{-1}(\varphi_\eta))^2-A}}{q}=G^{-1}(\beta) \tag{4-23}$$

将表达式 $A=\frac{2(b-a)v}{\eta r-s}$ 带入式(4-23)可得到相关结论。证毕。

命题 7：CVaR 度量准则下，制造商的最优订货量为：(1) 当 $\beta=0$，$q^M_{\text{CVaR}}=0$；(2) 当 $0<\beta\leqslant 1$，$v>\overline{v}$，$q^M_{\text{CVaR}}=q^r_{\text{E}}$；

(3) 当 $0<\beta\leqslant 1$，$v<\overline{v}$，$q^M_{\text{CVaR}}=F^{-1}(\varphi_\eta)\frac{\int_0^{G^{-1}(\beta)} rg(r)dr}{\int_0^{G^{-1}(\beta)} r^2 g(r)dr}$；

此时，存在一个最优的 $v=v^*$；其中，$\overline{v}=\frac{\eta r-s}{2(b-a)}(F^{-1}(\varphi_\eta))^2$

$$v^*=\frac{(\eta r-s)[2F^{-1}(\varphi_\eta)G^{-1}(\beta)q^M_{\text{CVaR}}-(G^{-1}(\beta)q^M_{\text{CVaR}})^2]}{2(b-a)}$$

证明：当 $\beta=0$ 时，表示在 VaR 度量准则下，制造商要保证其利润大于其保留利润的概率小于等于 1，即在 CVaR 度量准则下低于 β 分位数的平均收益为 0，并不存在 CVaR 所刻画的下方风险；所以，该情形下，$q^r_{\text{CVaR}}=0$。

当 $0<\beta\leqslant 1$ 时，制造商在 CVaR 风险度量准则下的决策要分为两种情况：

根据不等式 $q^2\theta^2-2F^{-1}(\varphi_2)q\theta+A>0$，当 $(F^{-1}(\varphi_\eta))^2-A<0$ 时，即当 $v>\overline{v}=\frac{\eta r-s}{2(b-a)}(F^{-1}(\varphi_\eta))^2$ 时，能保证式(4-21)一定成立。所以，根据式(4-20)制造商的决策目标函数可以改写为

$$\text{CVaR}_\beta(\pi_M(q,r))=\underset{q\geqslant 0}{\text{Max}}\left\{\frac{1}{\beta}\int_0^1 E_X\pi_M(q,r)g(r)dr\right\}=\frac{1}{\beta}\text{CVaR}_\beta(\pi(q,r))$$

该情形下，$q^M_{\text{CVaR}}=q^M_{\text{E}}$；

根据不等式 $q^2\theta^2-2F^{-1}(\varphi_2)q\theta+A>0$，当 $(F^{-1}(\varphi_2))^2-A>0$，当 $(F^{-1}(\varphi_2))^2-A\geqslant 0$ 时，根据命题 6 中的证明，将式(4-23)带入式(4-24)得：

$$\begin{aligned}\psi_\beta(q,v^*)&=v^*+\frac{1}{\beta}\int_0^{G^{-1}(\beta)}[E_X\pi_M(q,r)-v^*]^+g(r)dr\\&=\frac{1}{\beta}\int_0^{G^{-1}(\beta)}(\eta r-s)[\varphi_\eta rq-\int_0^{rq}F(x)dx]g(r)dr,\end{aligned}$$

分别求 $\psi_\beta(q,v^*)$ 关于 q 的一阶和二阶导数得，

$$\partial\psi_\beta(q,v^*)/\partial q=\frac{1}{\beta}(\eta r-s)\left\{\int_0^{G^{-1}(\beta)}[\varphi_\eta r-rF(rq)]g(r)dr\right\}$$

$$\partial^2\psi_\beta(q,v^*)/\partial q^2=\frac{-(\eta r-s)}{\beta}\int_0^{G^{-1}(\beta)}r^2f(rq)g(r)dr<0,$$

所以，$\psi_\beta(q,v^*)$是关于 q 的凹函数。

令$\partial\psi_\beta(q,v^*)/\partial q=\varphi_\eta\int_0^{G^{-1}(\beta)}rg(r)dr-\int_0^{G^{-1}(\beta)}rF(rq)dr=0$，即可求出 q_{CVaR}^M。证毕。

以上说明：CVaR 度量准则下，当制造商的风险规避系数等于 1 或其保留利润大于某一个特定的值时，条件风险值是风险中性的特殊情况；当其保留利润小于某一个特定的值时，存在一个最优的保留利润使得制造商能做出最优订货决策。以下，考虑该情形下的供应链协调问题，并有如下推论。

推论 9：收益共享契约$\left(w<c;\eta=\dfrac{sc+wr-sr-ws}{rc-rs}\right)$具有一定的鲁棒性，能协调 CVaR 准则下的供应链突发事件风险。

证明：具有风险规避特性的供应链在面对突发事件风险时，其条件期望利润函数可以表示为：

$$CVaR_\beta(\pi(q,r))=\max\left\{v_I+\frac{1}{\beta}\int\min[E_X\pi(q,r)-v_I,0]g(r)dr\right\}$$

其中，v_I 为 VaR 度量准则下供应链的保留利润的临界值。

参考命题 6 和命题 7 的证明，可以得到集权供应链的订货量为：

(1)当 $\beta=0$，$q_{\text{CVaR}}^*=0$；

(2)当 $0<\beta\leqslant1$ 且 $v_I>\dfrac{(r-s)\overline{v}}{\eta r-s}$，$q_{\text{CVaR}}^M=q_{\text{E}}^M$；

(3)当 $0<\beta\leqslant1$ 且 $v_I<\dfrac{(r-s)\overline{v}}{\eta r-s}$，$q_{\text{CVaR}}^*=F^{-1}(\varphi)\dfrac{\int_0^{G^{-1}(\beta)}rg(r)dr}{\int_0^{G^{-1}(\beta)}r^2g(r)dr}$；此时，$v_I=\dfrac{(r-s)v^*}{\eta r-s}$

由推论 4 可知，$F^{-1}(\varphi)=F^{-1}(\varphi_\eta)$，所以，$q_{\text{CVaR}}^*=q_{\text{CVaR}}^M$，只是在约束条件中有所不同，集权供应链的保留利润为分权供应链中制造商的保留利润的$(r-s)/(\eta r-s)$倍数；满足以上条件下，收益共享契约可以协调突发事件风险下的供应链。

4.3.4.2　风险规避系数和供应商可靠性对最优订货量的影响

接下来，分析风险规避系数和供应商可靠性对最优订货量的影响，并比较风险中性与风险规避（CVaR 度量准则）下的供应链最优订货量，首先分析 CVaR 度量准则下的制造商风险规避系数 β 对供应链最优订货量的影响。

1）风险规避系数对最优订货量的影响

推论 10：CVaR 度量准则下，制造商的最优订货量 q_{CVaR}^{M} 是风险规避系数 β 越小越是风险规避）的递减函数，且 $q_{\text{CVaR}}^{M} \geqslant q_{\text{E}}^{*}$。

证明：当满足 $0<\beta\leqslant 1$，$v_I<\dfrac{(r-s)\overline{v}}{\eta r-s}$ 且 $v_I=\dfrac{(r-s)v^{*}}{\eta r-s}$ 时，则 CVaR 下的供应链最优订货量 $q_{\text{CVaR}}^{M}=F^{-1}(\varphi_\eta)\dfrac{\int_0^{G^{-1}(\beta)} rg(r)dr}{\int_0^{G^{-1}(\beta)} r^2 g(r)dr}$。求 q_{CVaR}^{M} 关于 β 的一阶导数得：

$$\frac{\partial q_{\text{CVaR}}^{M}}{\partial\beta}=F^{-1}(\varphi_\eta)\frac{Z_2\,(Z_1)_\beta'-Z_1\,(Z_2)_\beta'}{Z_2^2}$$

其中，$Z_1=\int_0^{G^{-1}(\beta)} rg(r)dr$，$Z_2=\int_0^{G^{-1}(\beta)} r^2 g(r)dr$，

Z_1、Z_2 分别对 β 求一阶倒数得：

$$(Z_1)_\beta'=G^{-1}(\beta)$$

$$(Z_2)_\beta'=(G^{-1}(\beta))^2$$

令 $\dfrac{\partial q_{\text{CVaR}}^{M}}{\partial\beta}=0$，则有：

$$\frac{q_{\text{CVaR}}^{M}}{\partial\beta}=F^{-1}(\varphi_\eta)\frac{G^{-1}(\beta)\int_0^{G^{-1}(\beta)} r^2 g(r)dr-(G^{-1}(\beta))^2\int_0^{G^{-1}(\beta)} rg(r)dr}{Z_2^2}$$

由于，$r\leqslant G^{-1}(\beta)$；所以，$\dfrac{q_{\text{CVaR}}^{M}}{\partial\beta}\leqslant 0$，即 q_{CVaR}^{M} 是 β 的递减函数。

当 $\beta=1$ 时，$q_{\text{CVaR}}^{M}=q_{\text{E}}^{*}$，即风险中性是条件风险值的特例，所以，$q_{\text{CVaR}}^{M}\geqslant q_{\text{E}}^{*}$。证毕。

推论 10 说明，突发事件风险下，制造商的风险规避程度越高，其会通过增加订货量来规避风险。

2）供应商可靠性对最优订货量的影响

根据 Burke et al(2009) 对可靠性的界定，可靠性可以用两个指标即可靠性

的均值 μ 和可靠性的标准差 σ 来表达，即 μ 越小、σ 越大，供应商的可靠性越低；相反，则越高。

推论 11：风险中性下，供应商可靠性均值越小，制造商最优订货量越大；供应商可靠性标准差越大，制造商最优订货量越小。

证明：由命题 4 可知，$q_E^* = F^{-1}(\varphi)\dfrac{u}{u^2+\sigma^2}$；很明显，$\mu$ 越小、q_E^* 越大；σ 越大，q_E^* 越小。

实际上，在随机产出模型下，根据可靠性的定义，制造商的最优订货量对供应商可靠性的敏感性是不确定的。那么，在 CVaR 度量准则下，供应商的可靠性均值与标准差对制造商的最优订货量的影响又是如何，这取决于可靠性服从的具体分布和制造商的风险规避系数，以下通过算例来分析。

4.3.4.3 算例分析

突发事件下，运用 CVaR 度量准则来测度制造商所面临的供应风险。供应链的相关参数如成本、市场需求、供应商可靠性、制造商风险规避系数等数值如下：$r=5$，$w=2$，$c=3$，$s=1$；x 服从[50,100]的均匀分布；r 服从均值为 μ、标准差为 σ 的正态分布；$\beta\in[0.1,1]$；Matlab 软件中，β 和 μ 的步长取 0.1、σ 的步长取 0.05。相关参数假设下，主要分析：突发事件风险下的供应链收益共享协调；风险规避系数 β、供应商可靠性均值 μ、可靠性标准差 σ 对 q_{CVaR}^* 的影响。

(1)相关参数假设下，$F^{-1}(\varphi)=75$，$\eta=\dfrac{sc+pw-ps-ws}{pc-ps}=0.6$

那么，$q_{\text{CVaR}}^r = q_{\text{CVaR}}^* = 75\dfrac{\displaystyle\int_0^{G^{-1}(\beta)} rg(r)dr}{\displaystyle\int_0^{G^{-1}(\beta)} r^2 g(r)dr}$，

同时，$v_I=\dfrac{(r-s)v^*}{\eta r-s}=2v^*$

当供应链的最优保留利润设置为分权供应链下制造商的保留利润的 2 倍时，供应链可以实现收益协调，说明收益共享契约在协调具有突发事件风险的供应链时具有一定的鲁棒性。

(2)令 $\mu=0.6$、$\sigma=0.1$，β 对 q_{CVaR}^* 的影响如图 4-4 所示。

可以发现：制造商越是风险规避（β 越小），其最优订货量越大，且严格不小于风险中性下的最优订货量 q_E^*（当 $\beta=1$ 时，$q_{\text{CVaR}}^*=q_E^*=121.6$）。

(3)保持供应商可靠性标准差 σ 不变，令 $\sigma=0.1$，供应商可靠性均值 μ 和制

造商风险规避系数 β 对制造商最优订货量 q_{CVaR}^{*} 的影响如图 4-5 和表 4-1 所示。

可以发现：当 β 保持不变时，μ 越小，q_{CVaR}^{*} 越大，即当供应商的可靠性均值降低时，制造商通过增加订货量来规避风险；当 μ 不变，β 越小，q_{CVaR}^{*} 越大，即制造商对突发事件的风险规避程度越高（β 越小，风险规避程度越高）；特别地，当 $\beta=1$ 时，对应于风险中性情况，此时 $q_{\mathrm{CVaR}}^{*}=q_{\mathrm{E}}^{*}$。

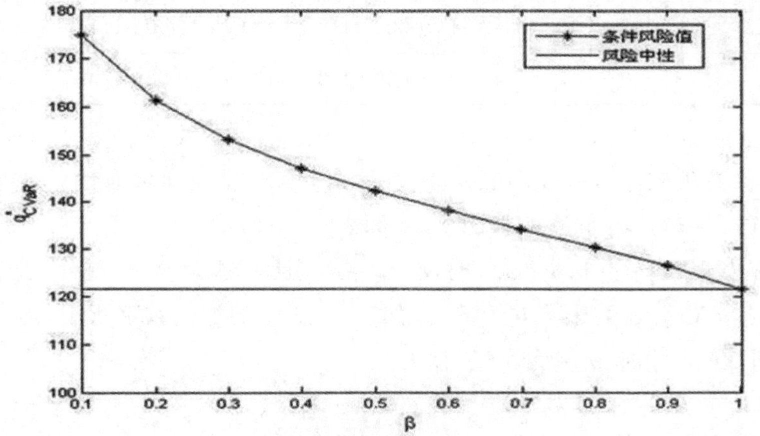

图 4-4　制造商风险规避系数对最优订货量的影响

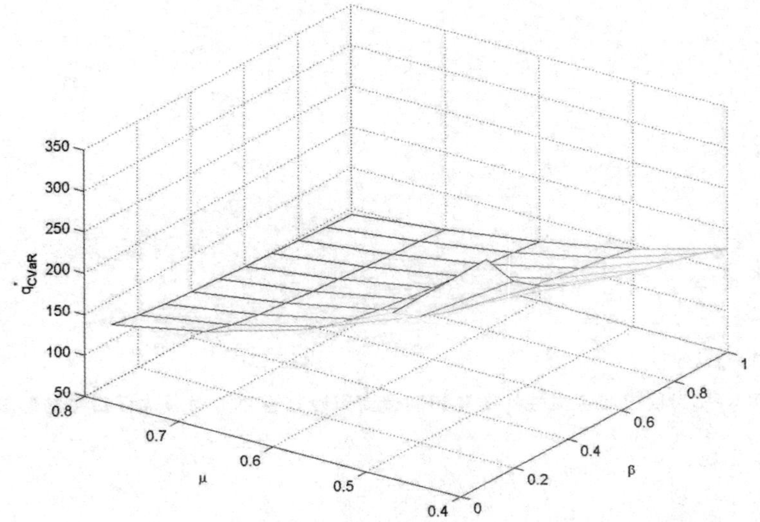

图 4-5　供应商可靠性均值和风险规避系数对最优订货量的影响

表 4-1 供应商可靠性均值和风险规避系数对最优订货量的影响

μ \ q^*_{CVaR} \ β	0.1	0.2	0.3	0.4	0.5	0.6	0.7	0.8	0.9	1
0.4	323.2	279.4	255.6	239.0	226.2	215.4	205.8	196.8	187.8	176.4
0.5	227.4	204.8	191.8	182.4	174.8	168.4	162.5	157.0	151.4	144.2
0.6	175.0	161.3	153.2	147.1	142.2	138.0	134.1	130.3	126.5	121.6
0.7	142.1	133.0	127.4	123.2	119.7	116.7	114.0	111.3	108.5	105.0
0.8	119.5	113.0	109.0	105.9	103.4	101.1	99.08	97.07	94.98	92.30

(4)保持供应商可靠性均值 μ 不变，令 $\mu=0.6$，供应商可靠性标准差 σ 对制造商最优订货量 q^*_{CVaR} 的影响如图 4-6 和表 4-2 所示。

可以发现：当 $\beta=1$、$\beta=0.9$ 时，$q^*_{\text{CVaR}}=q^*_{\text{E}}$ 且 σ 越大，q^*_{CVaR} 越小；当 $\beta=0.8$、$\beta=0.7$ 时，σ 对 q^*_{CVaR} 的影响并不确定，如表 4-2 中的加粗数字所示；当 β 的取值在 0.1 到 0.6 之间时，σ 越大，q^*_{CVaR} 越大。

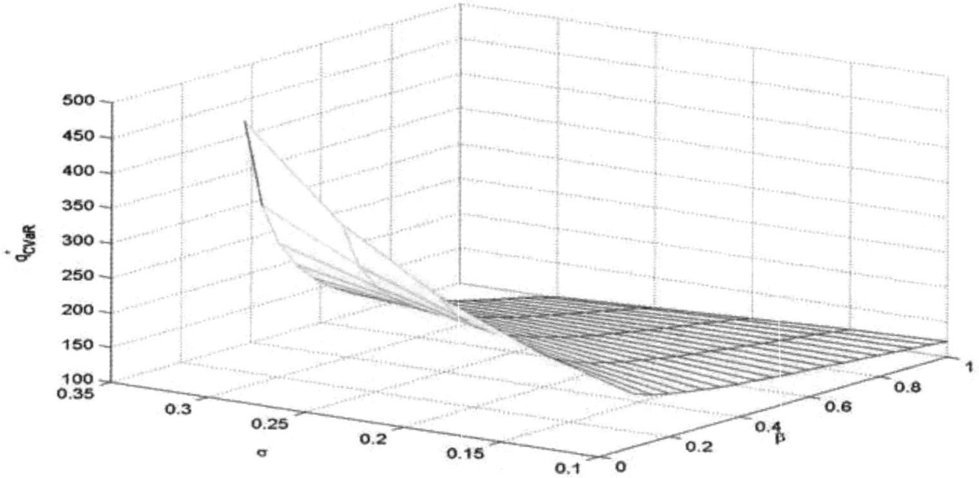

图 4-6 供应商可靠性标准差和制造商风险规避系数对最优订货量的影响

表 4-2　供应商可靠性标准差和制造商风险规避系数对最优订货量的影响

σ \ q^*_{CVaR} \ β	0.1	0.2	0.3	0.4	0.5	0.6	0.7	0.8	0.9	1
0.10	175.0	161.3	153.2	147.1	142.2	138.0	134.1	130.3	126.5	121.6
0.15	215.4	186.2	170.4	159.3	150.8	143.6	137.2	131.2	125.2	117.6
0.20	272.7	216.2	189.1	171.5	158.4	147.9	138.9	130.6	122.6	112.5
0.25	354.7	251.2	208.4	182.8	164.7	150.7	139.1	128.7	118.8	106.6
0.30	480.9	292.1	228.1	193.0	169.6	152.1	138.0	125.8	114.4	100.5

从(3)和(4)的分析中,我们可以发现:

制造商最优订货量对供应商可靠性均值的敏感性并不依赖于风险规避程度(风险规避系数越小,则说明规避程度越高),且均值对订货量的影响与风险中性的情况是一样的;制造商最优订货量对供应商可靠性标准差的敏感性则依赖于其自身的风险规避程度;当制造商风险规避达到一定程度时,标准差越大,最优订货量越大,这与风险中性的情况是相反的。以上,体现了风险规避型制造商在进行订货时,对供应商可靠性的波动程度较为敏感,当波动程度越大,制造商往往会通过增加订货来规避风险。

4.4　本章小结

突发事件风险下,企业可以通过增加冗余供应商以缓解风险的影响程度,以及通过对供应商进行可靠性改善以降低风险发生的概率。另外,突发事件风险下,管理者的风险态度会影响到其防范决策。本章主要研究了:

1) 双源采购下的制造商订货决策问题,并进一步探讨了供应商可靠性改善对制造商的价值

研究结论表明:

(1)双源采购下,制造商的最优订货量主要取决于供应商之间在可靠性与成本上的优劣势,当供应商的可靠性的优势能弥补其成本的劣势后,制造商趋向于单源采购策略;反之制造商选择双源采购策略。

(2)对于特定的供应商来说,制造商向其订货量随着另外的供应商可靠性增加而减少,跟该特定供应商的可靠性的相关关系不确定,该结论修正了 Burke et al(2009)对多源采购下供应商可靠性对供应链下游订货量分配的分析;同时,所用的模型的形式及推导过程相对比较简洁。

(3)在供应商不可靠下,制造商更加关注期望发货量而不是订货量,对于特定的供应商来说,制造商向其订货量随着另外的供应商可靠性增加而减少,随着其自身可靠性的增加而增加,这一结论可以看出制造商对于供应商的可靠性是非常敏感的。

(4)制造商的最优绩效取决于其供应商期望发货量的大小,进而又取决于供应商的可靠性。也就是说,制造商可以通过对供应商可靠性进行改善来提升自身的绩效,而零售愿意投入的改善努力与改善投资成本、改善成功的概率和市场需求是密切相关的,需要考虑一些相关因素权衡做出决策。

(5)在制造商愿意对供应商可靠性进行改善的前提下,其期望实现订货量增大,期望利润增加,即绩效得到改善,这也验证了供应商可靠性改善的价值所在。

(6)制造商越是风险规避,其最优订货量越大,且使得供应链在获取利润中面临的风险减小了。

后续的研究可以从以下几个方面展开:

(1)本章研究了单个供应商可靠性改善的价值,但在实际运营中,企业可能面临多个供应商。那么,研究在多源采购下供应链下游选择单个供应商进行改善还是多个供应商同时进行改善,不同供应商的特征如可靠性、成本、交货速度对供应链下游企业的选择的影响是未来的一个研究方向。

(2)本章引入供应商可靠性改善来分析制造商的订货决策与改善投资决策,在实际运营中,企业也可以通过营业中断险来规避风险。所以,将营业中断险变量引入到供应链风险决策中,分析比较供应商可靠性改善与营业中断险的组合策略对供应链绩效的影响也是未来的一个研究方向。

(3)同时从供应商的角度考虑制造商所带来的需求风险下,供应商如何制定生产决策、制造商如何制定订货决策以及不同规避程度对供应商和制造商的订货决策的影响是未来的一个研究方向。

2) VaR、CVaR 风险度量准则下,构建了供应链的订货决策模型

研究结论表明:

(1)VaR 和 CVaR 准则下的供应链订货量均大于风险中性下的订货量,以规避突发事件风险。

(2)制造商风险规避程度越高,订货量越大。

(3)收益共享契约具有一定的鲁棒性,能协调 CVaR 准则下的供应链。

(4)CVaR 准则下，供应商可靠性均值越小，制造商的最优订货量越大，这和风险中性情况类似，且最优订货量对供应商可靠性均值的敏感性不依赖于制造商的风险规避程度；制造商最优订货量对供应商可靠性标准差的敏感性则依赖于其自身的风险规避程度；当风险规避达到一定程度时，供应商可靠性标准差越大，制造商最优订货量越大，以规避供应商可靠性的波动带来的供应风险。

后续研究可以从以下几个方面展开：本章研究基于一个假设：供应商是风险中性的，而制造商是风险规避的。但从供应链运营实际来看，在制造商面临供应风险的同时，供应商也同样面临着需求不确定甚至中断的风险，这个风险可能是突发事件导致制造商的运营系统出现问题。所以，同时考虑当供应商对待需求不确定的风险态度是规避的、制造商对待供应不可靠的风险态度是规避的情形下，供应商如何制定生产决策、制造商如何制定订货决策，以及供应链上下游不同的风险规避程度对供应商生产决策和制造商的订货决策的影响是未来的一个研究方向。

第 5 章

供应突发事件下供应链恢复决策及协调

5.1 引言

Kaplan[145]将风险定义为特定情景下事件发生的概率乘以事件所导致的损失。也就是说，面对突发事件风险，一方面可以通过防范措施对运营设施或流程进行可靠性改善来降低突发事件发生的概率；另一方面，也可以通过相应的应急处置措施(如受损能力恢复)来降低突发事件所导致的损失。突发事件风险下，对供应商可靠性进行改善可以防范突发事件对运营设施造成破坏或使得设施运营失效的概率。尽管现在有些企业在防范突发事件上做出了努力，但是由于有些突发事件源难以控制(特别是对于诸如地震、海啸等突发事件)或者是经济意义上的不可行。因此，突发事件风险下，预先的应急防范资源部署和周到的应急恢复计划对受损企业及其上下游企业来说，就显得尤为重要，而这也正是本章所关心和研究的问题。该部分，我们研究的背景对应第 3 章情景分析中的“情景 2：突发事件为不可控制、突发事件作用对象为一级供应商、企业有一定的防范和恢复措施”。我们考虑在防范风险时，企业事前并没有通过冗余供应商、冗余库存来防范风险，而是事前通过采取恢复措施如可用于运营设施所需要的具体方案、维修技术与人员、维修零配件等。

值得注意的是，突发事件风险下，企业在面临供应中断风险的同时，也会使得供应链上的其他企业面临需求中断风险。例如，在一个由多个零部件供应商和一个制造商构成的装配式供应链中，如果一个供应商由于突发事件造成生产设施破坏，从而会造成制造商的零部件供应中断；对于制造商来说，由于关键的零部件不能正常供应，可能会取消其他零部件供应商的采购订单，进而导致其他零部件供应商的需求中断。也就是说，当可靠的供应商面临不可靠的供应商所带来的间接的需求中断风险时，其可以要求下游的制造商先支付一定的订金来防范风险，而订金也是制造商提供应急援助并帮助不可靠供应商恢复或部分恢复产量的动力所在。

本章主要研究两个问题：①在由一个不可靠的供应商和制造商组成的供应链中，突发事件下，供应商的生产运营可能中断，其如何制定恢复能力投资决策使得供应链协调；②在由两个供应商和一个制造商组成的装配式供应链中（其中，一个供应商是不可靠的），突发事件下，可靠供应商制定订金决策，制造商制定应急援助恢复决策（针对不可靠供应商）；那么，制造商如何进行应急援助恢复决策，其最优的应急援助恢复措施又是如何受到可靠供应商的订金决策影响的。

5.2　供应突发事件下供应商恢复能力投资决策及应急协调

该部分考虑的是当供应链上游企业供应商可能遭遇突发事件下，下游企业制造商为缓解供应中断风险，设计契约以引导供应商在事前进行恢复能力投资以便事后尽快恢复供应，主要研究供应商最优恢复能力投资并分析供应链协调所满足的条件。从研究问题的本身来看，这与文献 Iyer et al(2005)、Hu et al(2012)类似；从契约设计来看，与 Kim and Tomlin(2012)类似。与上述研究不同的是：

(1)Iyer et al(2005)设计的基于绩效的契约中，假定单位恢复时间的惩罚系数是常数；而在本文中是随机变量，我们主要考虑的是：在突发事件发生时间不确定以及特定的经营环境下制造商的商誉成本是不确定的。

(2)Iyer et al(2005)、Kim et al(2010)、Hu et al(2012)考虑通过下游企业设计恢复契约来激励上游企业合理投资恢复能力，但并没有说明契约中相关参数满足什么条件时，供应链能够协调。

(3)除了于辉等(2011)之外，其他文献都是假设供应链下游企业是风险中性的；我们假设供应链下游企业是风险规避的(风险规避程度直接影响到了恢复契约的设计)，并引入 CVaR 风险度量准则来刻画企业在供应中断风险下的应急目标。

本章引入 CVaR 模型是建立在供应中断风险导致下游企业商誉成本不确定的基础之上；而于辉等(2011)的 CVaR 模型是建立在中断企业本身的单位额外生产成本不确定的基础之上。

5.2.1 模型与参数假定

我们考虑一个由供应商和制造商组成的供应链运营系统，其中供应商是不可靠的，即突发事件下，供应商的生产运营系统可能会中断从而导致制造商的零部件供应中断。假设该供应商的零部件具有专用性，制造商没有其他可替代的供应源，所以突发事件后供应商生产运营系统是否能够快速恢复直接关系到制造商的零部件的可获得性。由于资产专用性以及时间的紧迫性，供应商的生产运营系统的恢复需要预先进行恢复能力的投资。突发事件风险下，供应商对恢复能力进行投资的动力一方面来源于其自身的业务需求；另一方面则来源于制造商给予的压力，而制造商的压力来源于其自身的商誉成本较高。相关参数假定如下：

p：突发事件发生的概率；

λ：供应商的恢复能力投资的数量，包括运营设施中可用于修复所需要的维修技术、维修零配件和人员等；

k：单位恢复能力的成本；

b_1：运营中断后供应商的单位时间商誉成本或机会成本；

$b_2+\varepsilon$：运营中断后制造商的单位时间商誉成本或机会成本；其中，b_2 是常数，ε 是随机变量，其均值为 u、概率密度函数为 $f(.)$，分布函数为 $F(.)$。

供应商的运营系统由于受到突发事件的冲击，需要进行事后恢复；X 是运营系统从瘫痪状态到重新恢复到工作状态需要的时间，或称之为恢复完成时间。我们假设 X 服从于参数为 λ 的指数型分布，因此，X 的期望值即平均的恢复时间是 $1/\lambda$。由于在突发事件没有发生前，恢复能力投资需要成本，对于供应商来说，其恢复能力的投资成本需要从制造商那里得到一部分补偿。突发事件前，制造商不能直接观察到供应商的恢复能力选择 λ，所以双方之间的契约关系并不能直接建立在 λ 的基础上，这是一个合理的假设，因为大多数供应商为防范生产运营中断而采取的预防措施（比如制定应对突发事件的预案、备用零配件的库存投资、对员工进行相应的生产设施恢复的培训、将生产运营系统的恢复工作外包给专业的服务企业等）很难监控。但是，制造商可以通过设计一个补偿契约来引导供应商对恢复能力的合理投资。Kim et al(2010)认为，补偿契约的设计可以建立在供应链恢复能力投资绩效（用恢复时间来表示）的基础上，并用转移支付函数 $T=w-\theta X$ 表示制造商对供应商的补偿，其中 w 表示固定的转移支付，其独立于实现的绩效 X；θ 为单位 X 的惩罚系数。Kim et al(2010)考虑 θ 为常数，

本章中我们将 θ 看成是随机变量，主要考虑的是制造商的经营绩效取决于制造商所处的经营环境以及运营中断后的恢复时间的长短，假设 θ 的均值为 $\bar{\theta}$、概率密度函数为 $g(.)$、分布函数为 $G(.)$。根据以上的描述以及相关参数假定，如给定恢复能力 λ 和制造商的转移支付 T，供应商、制造商和供应链的期望成本函数分别为：

$$E[\psi^S(\lambda,T)]=k\lambda+p\left(\frac{b_1}{\lambda}-E_\theta[T]\right) \tag{5-1}$$

$$E[\psi^M(\lambda,T)]=p\left(\frac{b_2+E[\varepsilon]}{\lambda}+E_\theta[T]\right) \tag{5-2}$$

$$E[\psi(\lambda)]=k\lambda+p\left(\frac{b_1+b_2+E[\varepsilon]}{\lambda}\right) \tag{5-3}$$

其中，$b_2+E[\varepsilon]=b_2+u$，为制造商的期望商誉成本；$E[T]=w-\frac{\bar{\theta}}{\lambda}$，为实现绩效下的制造商的转移支付或补偿。

对式(5-1)和式(5-3)进行优化，很容易得到：分权供应链下的最优恢复能力为 $\lambda^s=\sqrt{\frac{p(b_1+\bar{\theta})}{k}}$；集权供应链下的最优恢复能力 $\lambda^*=\sqrt{\frac{p(b_1+b_2+u)}{k}}$。可以发现，当且仅当 $\bar{\theta}=b_2+u$ 时，$\lambda^*=\lambda^s$；即当单位恢复时间期望惩罚系数等于制造商的单位中断时间(即恢复时间)所带来的期望商誉成本时，供应链进行协调状态。

5.2.2　供应链恢复能力决策的 CVaR 模型

以上分析了风险中性下的供应链恢复决策。然而，突发事件风险下，供应商的生产运营系统往往不可靠甚至遭到全面的破坏，下游企业将面临生产运营系统中断的风险。特别是在业务中断后商誉成本非常高的情况下，企业则存在退出某一业务单元的风险，这一点在高科技行业体现得尤为明显，如爱立信的案例。所以，在某些风险环境下，管理者对待风险的态度可能由中性趋向于规避，并在供应链应急决策中得到体现。VaR 和 CVaR 是金融领域中度量风险最常用的两种准则，其中 CVaR 由于其良好的性能，近几年来得到的关注度越来越高，并有逐步代替 VaR 的趋势，且其在供应链风险领域的应用地位也在逐渐提高。有关 VaR 和 CVaR 两种度量准则我们在第3章已经进行了说明，这里不再赘述。

我们引入 CVaR 来刻画商誉成本不确定下的供应链的恢复能力决策目标。

根据 CVaR 的一般定义[105],CVaR 可以用来度量 VaR 所忽略的高于 β 分位数水平的超额平均损失,这也正是突发事件风险下决策者所关心的。假设决策者的风险规避系数或置信水平为 $\beta\in(0,1)$(β 越大,风险规避程度越高),损失的临界值为 α,则突发事件下的供应链恢复能力投资决策的 β-VaR 模型可以刻画为:

$$\alpha_\beta(\lambda)=\min\{\alpha\in R:\int_{\psi(\lambda,y)\leqslant\alpha}f(y)dy\geqslant\beta\} \quad (5-4)$$

根据 β-VaR 模型,则突发事件下的供应链恢复能力投资决策的 β-CVaR 模型可以刻画为:

$$H_\beta(\lambda)=(1-\beta)^{-1}\int_{\psi(\lambda,y)\geqslant\alpha}\psi(\lambda,y)f(y)dy \quad (5-5)$$

式(5－5)度量的是大于 β-VaR 的超额平均损失,即 β-VaR 的条件期望损失。也就是说,决策者在运用 CVaR 刻画恢复能力决策目标时,是在假设其可能面临超额损失下对可能的应急措施进行优化。

令 $h_\beta(\lambda,a)=\alpha+(1-\beta)^{-1}\int_{y>0}[\psi(\lambda,y)-\alpha]^+f(y)dy$,则有引理 1。

引理 1:$h_\beta(\lambda,a)$是关于 α 连续可微的凸函数,β-CVaR 可以表示为

$$H_\beta(\lambda)=\min_{a\in R}h_\beta(\lambda,a)$$

因此,供应链恢复能力决策的目标函数可以写成:

$$\min_{\lambda\in R}H_\beta(\lambda)=\min_{\lambda\in R,a\in R}h_\beta(\lambda,a_\beta(\lambda))=\min_{\lambda\in R,a\in R}\int_{y>0}[\psi(\lambda,y)-\alpha]^+f(y)dy \quad (5-6)$$

β-*CVaR* 既可以对决策变量 λ 进行优化,同时又可以优化 β-*VaR* 中损失的临界值 α,其优化的顺序为:先优化 α,再将最优的 α 带入目标函数,并对 λ 进行优化。

命题 1:β-*CVaR* 下,对于给定的供应链恢复能力 λ 和决策者的风险规避参数 β,存在一个最优的 β-*VaR* 临界损失值 $\alpha_\beta^*(\lambda)$,使得 $\min_{a\in R}h_\beta(\lambda,a)=h_\beta(\lambda,a^*)$;$\alpha_\beta^*(\lambda)$ 可以表示为:$\alpha_\beta^*(\lambda)=\dfrac{F^{-1}(\beta)+k\lambda^2+b_1+b_2}{\lambda}$

证明:由式(5－6)得,$h_\beta(\lambda,a)=\alpha+(1-\beta)^{-1}\int_{a\lambda-k\lambda^2-b_1-b_2}^{\infty}(k\lambda+\dfrac{b_1+b_2+y}{\lambda}-\alpha)f(y)dy$ 。求 $h_\beta(\lambda,a)$ 对 α 的一阶偏导数得,$\dfrac{\partial h_\beta(\lambda,a)}{\partial a}=1-(1-\beta)^{-1}[1-F(a\lambda-k\lambda^2-b)]$,由于 $h_\beta(\lambda,a)$ 对 α 的二阶偏导数 $\dfrac{\partial^2 h_\beta(\lambda,a)}{\partial a^2}=\lambda(1-\beta)^{-1}f(a\lambda-k\lambda^2-b_1-b_2)$ 大于 0,即 $h_\beta(\lambda,a)$ 是 α 的凸函数,存在唯一的 α 使得 $h_\beta(\lambda,a)$ 最小。

令 $h_\beta(\lambda,a)$ 对 α 的一阶偏导数 $\frac{\partial h_\beta(\lambda,a)}{\partial a}=0$，可得到 $F(a\lambda-k\lambda^2-b_1-b_2)=\beta$，即有 $\alpha_\beta^*(\lambda)=\frac{F^{-1}(\beta)+k\lambda^2+b_1+b_2}{\lambda}$。证毕。

CVaR 度量准则具有良好的计算性质，克服了 VaR 不具备决策所需要的优化性质，如可凸性，并能得到 VaR 度量准则下的临界损失决策的最优值。以下，对 CVaR 度量准则下的供应链恢复能力决策进行优化，并与风险中性情况进行比较。

命题 2：β-$CVaR$ 下，供应链的最优恢复能力为

$$\lambda_{\mathrm{CVaR}}^*=\sqrt{\frac{p\left(b_1+b_2+\int_{F^{-1}(\beta)}^{\infty}yf(y)dy\right)}{k(1-\beta)}}$$

证明：将 $\alpha_\beta^*(\lambda)$ 带入式(5-6)得，

$$h_\beta(\lambda,a^*)=a^*+(1-\beta)^{-1}\int_{F^{-1}(\beta)}^{\infty}\left(k\lambda+\frac{b_1+b_2+y}{\lambda}-\alpha^*\right)f(y)dy$$

$$=\int_{F^{-1}(\beta)}^{\infty}\left(k\lambda+\frac{b_1+b_2+y}{\lambda}\right)f(y)dy$$

分别求 $h_\beta(\lambda,a^*)$ 关于 λ 的一阶倒数和二阶导数。

$$\frac{\partial h_\beta(\lambda,a^*)}{\partial\lambda}=(1-\beta)^{-1}\int_{F^{-1}(\beta)}^{\infty}\left(k-\frac{b_1+b_2+y}{\lambda^2}\right)f(y)dy$$

$$\frac{\partial^2 h_\beta(\lambda,a^*)}{\partial\lambda^2}=(1-\beta)^{-1}\int_{F^{-1}(\beta)}^{\infty}\frac{2(b_1+b_2+y)}{\lambda^3}f(y)dy>0$$，即 $h_\beta(\lambda,a^*)$ 是关于 λ 的凸函数。令 $\frac{\partial h_\beta(\lambda,a^*)}{\partial\lambda}=0$，可以求出 β-$CVaR$ 下的供应链最优恢复能力 $\lambda_{\mathrm{CVaR}}^*$。

5.2.3　风险规避系数对供应链最优恢复能力投资的影响

从前面的分析中知，β 越大，即管理者的风险规避程度越高。以下，分析管理者风险态度对供应链最优恢复能力投资的影响，可以得到推论 1。

推论 1：突发事件风险下，管理者越是风险规避，其投入的最优恢复能力越大；风险中性是条件期望值的特例

证明：命题 2 得到了供应链的最优恢复能力 $\lambda_{\mathrm{CVaR}}^*$，我们可以通过求 $\lambda_{\mathrm{CVaR}}^*$ 对 β 的一阶导数来进行分析。

$$\frac{\partial\lambda_{\mathrm{CVaR}}^{*}}{\partial\beta}=\frac{1}{2\lambda_{\mathrm{CVaR}}^{*}}\left[\frac{1}{k\ (1-\beta)^{2}}\int_{F^{-1}(\beta)}^{\infty}(b_{1}+b_{2}+y)f(y)dy-\frac{b_{1}+b_{2}+F^{-1}(\beta)}{k(1-\beta)}\right]$$

$$=\frac{1}{2k\ (1-\beta)^{2}\lambda_{\mathrm{CVaR}}^{*}}\left[\int_{F^{-1}(\beta)}^{\infty}(b_{1}+b_{2}+y)f(y)dy-(1-\beta)(b_{1}+b_{2}+F^{-1}(\beta))\right]$$

$$=\frac{1}{2k\ (1-\beta)^{2}\lambda_{\mathrm{CVaR}}^{*}}\left[\int_{F^{-1}(\beta)}^{\infty}(y-F^{-1}(\beta))f(y)dy\right]>0。$$

即 $\lambda_{\mathrm{CVaR}}^{*}$ 是 β 的增函数。

从 $\lambda_{\mathrm{CVaR}}^{*}$ 的表达式可以看出，当 $\beta=0$ 时，$\lambda_{\mathrm{CVaR}}^{*}=\sqrt{\frac{p(b_{1}+b_{2}+\int_{0}^{\infty}yf(y)dy)}{k}}=\sqrt{\frac{p(b_{1}+b_{2}+u)}{k}}$，而风险中性下，$\lambda^{*}=\sqrt{\frac{p(b_{1}+b_{2}+u)}{k}}$。所以，可以发现，风险中性是条件风险值的特例。

以下通过算例来分析。令 $p=0.1$，$b_1=4$，$b_2=4$，$k=2$；θ 服从于[0，10]的正态分布，其均值为 4，标准差为 2；$\beta\in[0,0.9]$。图 5-1 可看出，随着风险规避系数 β 的增加，供应链最优恢复能力 $\lambda_{\mathrm{CVaR}}^{*}$ 越大，当 $\beta=0$ 时，风险中性是条件风险值 CVaR 的特例。所以，风险规避下的最优恢复能力的投资严格不小于风险中性情况。

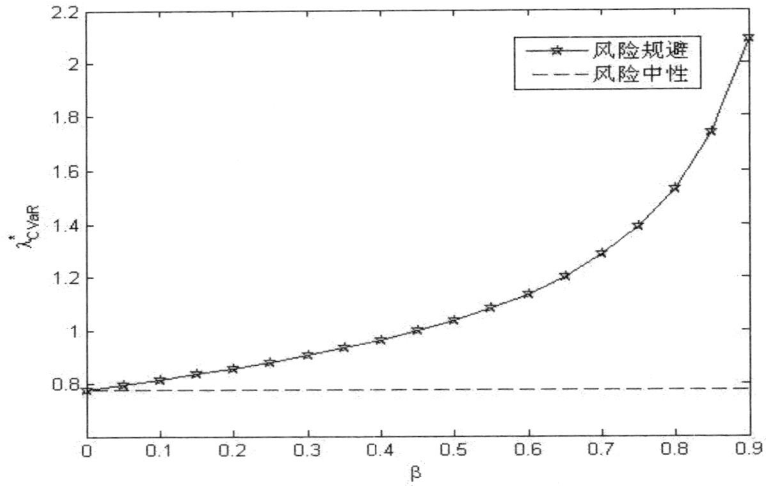

图 5-1 风险规避系数对供应链最优恢复能力的影响

以上,我们的分析是建立在集权供应链环境下的,即将供应链上下游企业看成是一个整体。那么,在分权供应链下,供应商所投入的最优恢复能力是否能达到集权供应链的恢复能力投入的标准,如果能,如何协调供应链?

5.2.4 分权供应链的最优恢复决策及协调

分权供应链下,恢复能力变量 λ 是供应商的决策变量。在前面的模型中,我们分析了在风险中性下,当单位恢复时间期望惩罚系数等于制造商的单位中断时间(即恢复时间)所带来的期望商誉成本时,供应链达到协调。那么,在条件风险值(β-$CVaR$)度量准则下,制造商会将其面临的商誉成本的信息传达给供应商,并将此作为对供应商进行惩罚的依据。β-$CVaR$ 下,制造商的风险规避程度(用β 表示)是由其商誉成本 $b_2+\varepsilon$ 的大小来决定的,也就是说,制造商会将自身对突发事件下供应中断的风险态度传达给供应商。

根据前面对供应链恢复能力投资决策的 β-$CVaR$ 模型的分析,我们很容易建立分权供应链下供应商恢复能力投资决策的 β-$CVaR$ 模型。令 $H_\beta^s(\lambda)$为供应商恢复能力决策下的目标函数,则有

$$H_\beta^s(\lambda)=(1-\beta)^{-1}\int_{\psi^s(\lambda,x)\geqslant\alpha^s}\psi^s(\lambda,x)g(x)dx$$

其中,$g(x)$为单位时间的惩罚系数 θ 所服从的密度函数;

$\psi^s(\lambda,x)$为建立在惩罚基础上的供应商损失/成本函数;

α^s 为供应商设定的损失临界值。

同样,我们可以得到分权供应链下供应商的最优恢复能力以及供应链协调所满足的条件,如命题 3 和推论 2 所示。

命题 3:β-$CVaR$ 下,供应商的最优恢复能力为

$$\lambda_{\text{CVaR}}^s=\sqrt{\frac{p\left(b_1+\int_{G^{-1}(\beta)}^{\infty}xg(x)dx\right)}{k(1-\beta)}}$$

推论 2:满足$\int_{G^{-1}(\beta)}^{\infty}xg(x)dx=b_2+\int_{F^{-1}(\beta)}^{\infty}yf(y)dy$ 时,供应链进入协调状态

由于篇幅所限,命题 3 的证明可以参考命题 2,具体证明过程省略。

通过对命题 2 中的 λ_{CVaR}^* 的表达式和命题 3 中的 λ_{CVaR}^s 表达式进行比较分析,很容易推论 2 的结果,即当满足 $\int_{G^{-1}(\beta)}^{\infty}xg(x)dx=b_2+\int_{F^{-1}(\beta)}^{\infty}yf(y)dy$ 时,λ_{CVaR}^s

$=\lambda^{*}_{\mathrm{CVaR}}$ 。也就是说，当单位中断时间(恢复时间)的惩罚系数的条件期望值等于单位时间中断时间(恢复时间)的商誉成本的条件期望值时，分权供应链与集权供应链下的最优恢复能力投资是相等的，即供应链进入协调状态。

5.3 供应链突发事件应急援助恢复与订金决策

从研究内容上来看，该部分与5.2部分的联系与区别是：5.2部分研究的是突发事件可能会造成供应链上游企业供应商生产运营系统中断，这种风险会传递给供应链下游企业制造商，制造商面临供应中断风险，而制造商通过设计一个补偿契约来引导供应商对恢复能力的合理投资；从风险的分类来看，第5章研究的是如何防范供应中断风险。而部分考虑的是在一个由多个供应商和一个制造商组成的装配式供应链中，当突发事件可能对不可靠的供应商造成冲击时，制造商为了防范供应中断风险可以事前采取相应的能力恢复措施并对供应商进行应急恢复援助；而供应链中其他的供应商为了防范制造商因订单取消所带来的需求中断风险，可以要求制造商在提交订单时先预付定金。从风险的分类来看，本部分将供应中断风险和需求中断风险纳入到一个框架进行研究，主要研究装配式供应链中制造商的应急恢复援助和供应商的订金决策。

中国期刊网中，搜索题为"订单取消"的学术文献，目前只有一篇，即范丽繁、陈旭(2012)[146]发表在《管理学报》上的论文"顾客可能取消订单的MTO企业订单定价策略"，该文研究了顾客下订单后可能取消订单的按订单生产型(Make To Order, MTO)企业如何定价以使得目标最大化。实际上，有关订单取消的文章可以参照Qi et al，作者研究了下游企业面临的市场需求面临突增或锐减下的供应链协调问题，其中，市场锐减下，上游企业面临订单被大幅取消的风险，作者研究了如何通过设计契约来协调供应链。于辉等、Chen and Xiao在同样的背景下研究其他的供应链契约协调问题。突发事件造成需求波动或中断下，现有的文献考虑的是：突发事件造成需求突变下，企业之间通过特定的契约如批发价契约、收益共享契约等来协调供应链。然而，在实际的供应链运营中，处于弱势地位的上游企业(例如，以汽车行业为代表的装配式供应链中，供应商往往处于弱势地位，而制造商往往处于强势地位)很难通过调整批发价来转嫁风险(生产计划已经安排好或者零部件已生产出来，但是订单被取消)，在不公平博弈中，弱势企业只有被动接受订单被取消的风险。所以，弱势企业在订单可能被取消的情况下，只能主动地去防御风险，例如在顾客下订单时，可以要求顾客先预付一部分订金，当然在实现的订单下，订金是可以归还的(Deductible)。目前，在供应链产能的建立或扩张上，相关文献研究了通过交付订金的方式来预约能力，目的是激励上游企业建立更多的能力，如 Erkoc and Wu(2005)[147]、Jin and Wu(2007)[148]研究了能力预约契约下的高科技产品能力扩张与供应链协调问题，Serel(2007)[149]考虑了现货市场不确定下，制造商与供应商的多周期能力预约契约问题，研究发现：相比价格契约，能力预约契约可以增加供应商对能力的有效利用。上述研究假设供应链下游企业制造商是主导博弈方，将其支付给上游企业供应商的单位预约能力的价格或订金被当作是一个常数，即由供应链下游企业决定的。然而，在现实中，供应链上游企业供应商也有可能是主导博弈方，其为了防范订单被取消的风险而制定订金决策(即将订金视为决策变量)也是符合现实情况的。

供应商通过预付订金的方式来转嫁风险，对于下游企业制造商来说，如何管理好其他供应商不可靠风险或突发事件风险成为当务之急。目前，对供应商不可靠下装配式供应链的研究主要有两类：第一类是研究供应链的订货决策与协调。Gurnani et al(2000)[150]研究了供应商不可靠/随机产出下使得期望总成本最小化的供应链协同问题。Kelle et al(2009)[151]、Keren(2009)[152]分析了随机产出对供应商最优决策及制造商的订货优化与协调策略的影响。Güler and Bilgic (2009)[153]进一步分析和比较了随机产出下不同的供应链契约的优化，如零售价格契约、回购契约、回购收益共享组合契约和改进的回购收益共享组合契约。He and Zhang(2008)[154]研究了供应商随机产出大于和小于制造商订货量的两种情况下，风险不共享和风险共享对供应商和制造商的最优决策的影响。Gurnani and Gerchak (2007)[155]、马士华和李果(2010)[156]通过引入惩罚机制研究装配企业的零部件订货决策与供应链惩罚契约。第二类是研究供应链恢复及应急援助问题，即不可靠的供应商在遭受突发事件后，可以事先通过建立恢复能力来进行修复，这一类文献在前面已详细说明。

5.3.1 基准模型与参数假定

基准模型描述的是研究对象在稳态时的决策问题，即当供应链成员在稳定的商业运营环境下的最优决策，这是研究当突发事件导致商业运营环境不稳定时，供应链成员援助决策和订金决策的前提和基础。本章研究的基准模型是一个常见的二阶段装配式供应链模型：由两个零部件供应商 S_i($i=1,2$)和一个装配制造商 M 组成，M 向 S_i 分别采购零部件并进行 1∶1∶1(可以理解为一个零

部件 A 和一个零部件 B 经过加工装配成一个产成品 AB）装配作业制造一种季节性商品面向市场。该部分主要研究稳态下的制造商的最优订货决策，相关参数假定如下：

q：制造商 M 的订货量；

r：市场零售价；

w_i：供应商 i 的批发价格；

g_m：制造商 M 的单位商誉成本；

g_{si}：供应商 S_i 的单位商誉成本；

v：制造商 M 单位剩余存货的残值；

d：制造商面对的市场需求，d 是随机变量，其分布函数为 $F(.)$。

相关参数假设下，我们可以得到稳态下制造商的期望利润函数为：

$$\Pi_m(q)=rE\min\{q,d\}-(w_1+w_2)q+E[v(q-d)^+-g_m(d-q)^+] \tag{5-7}$$

其中，E 为随机变量的期望；$v(q-d)^+$ 为制造商剩余存货的残值；$g_m(d-q)^+$ 为制造商的商誉成本。由于 $\min\{q,d\}=q-(q-d)^+=d-(d-q)^+$，式(5－7)经过进一步整理可得：

$$\Pi_m(q)=(r-w_1-w_2+g_m)q-(r-v+g_m)E(q-d)^+-g_md \tag{5-8}$$

式(5－8)对 q 分别进行一阶求导和二阶求导，可得：

$$\frac{\partial\Pi_m(q)}{\partial q}=r-w_1-w_2+g_m-(r-v+g_m)F(q)$$

$\frac{\partial^2\Pi_m(q)}{\partial q^2}=-(r-v+g_m)f(q)<0$，即 $\Pi_m(q)$ 是关于 q 的凹函数。令 $\frac{\partial\Pi_m(q)}{\partial q}=0$，进而求得稳态下的制造商最优订货量或供应商的最优生产量为：$\bar{q}=F^{-1}\left(\frac{r-w_1-w_2+g_m}{r-v+g_m}\right)$

5.3.2 突发事件下的供应链应急决策

我们假设在装配供应链中，供应商 S_1 处于自然灾害低发区，且供应商对生产工厂建筑物维护结构进行了加固并对生产设施进行了防火保护，从而突发事件下供应商 S_1 是可靠的；而供应商 S_2 处于自然灾害频发地区，且没有相应的安全措施，从而突发事件下供应商 S_2 是不可靠的甚至生产运营中断，从而造成装配制造商 M 供应中断，进而造成供应商 S_1 需求中断。当供应商 S_2 突发事件发生后，制造商难以找到合适的替代供应源，由于存在商誉成本/订单拖欠成本，它向供应商 S_2 提供应急援助。应急援助下，供应商 S_2 可能不能完全恢复，其恢复的产量 q_e 则取决于制造商的事前投入的恢复措施。同时，由于供应商 S_2 不能完全恢复，制造商则可能会取消零部件供应商 S_1 的部分订单，进而导致供应商 S_1 面临极大的需求风险。事实上，供应商在接收到订单时可以要求制造商预先交付一部分订金以防范风险，供应商 S_1 订金决策的依据则来源于制造商事前投入的援助措施 e。所以，突发事件下，制造商恢复与供应商订金决策的顺序为：

(1)供应商 S_1 根据订单 $\bar{q}$(稳态下制造商的订货量)进行生产，并宣布单位订货量的订金为 w(假设 $0 \leqslant w \leqslant w_1$，即单位订货量的订金不大于批发价，这与常理是符合的)，需要制造商 M 提前支付订金 $w\bar{q}$；

(2)制造商 M 根据支付的订金 $w\bar{q}$、供应商 S_2 遭受突发事件的概率 p 以及自身的商誉成本 g_m 制定援助恢复措施决策 e，供应商 S_2 的恢复产量为 q_e(因为稳态下，制造商 M 的最优订货量为 $\bar{q}$；所以，$q_e \leqslant \bar{q}$)；

(3)制造商向供应商 S_1 发出订单 q_e，供应商 S_1 供货 q_e 并归还制造商 M 未取消订单部分的订金。供应链的决策如图 5-2 所示。

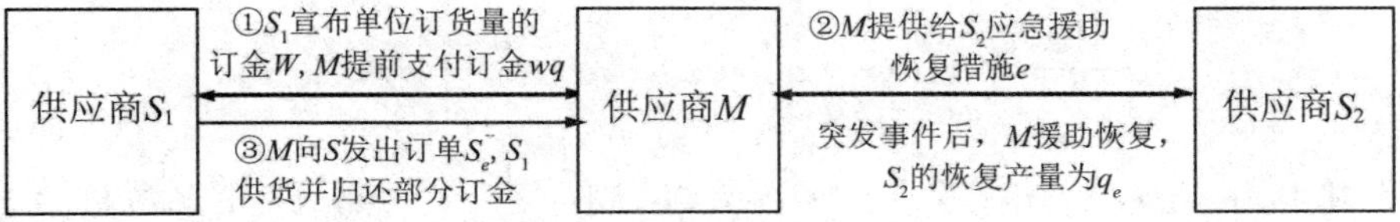

图 5-2　突发事件下供应链应急援助恢复与订金决策

5.3.2.1　制造商的应急援助恢复决策

突发事件可能造成供应商 S_2 生产运营中断，制造商事前制定恢复措施并提供应急援助。制造商援助恢复的动力来源于两个方面：一方面是供应商 S_2 供应中断带来的商誉损失；另一方面是突发事件下取消供应商 S_1 订单所带来的订金损失。假设在应急援助恢复下，供应商 S_2 的恢复产量 q_e 与制造商的援助措施 e 的关系为 $q_e = t(e)$，并满足一阶导数 $t'(e)$ 大于零，二阶导数 $t''(e)$ 小于零，即随着制造商援助措施的增加，供应商恢复产量呈递减的增加趋势，这与实际的供应链运营是吻合的。应急援助恢复下，制造商 M 的期望利润函数可以表示为：

$$\Pi_m(e)=\left\{\begin{array}{l}-w\bar{q}+p[(r-w_1-w_2)q_e+wq_e]+(1-p)[(r-w_1-w_2)\bar{q}+w\bar{q}]\\-pg_m(\bar{q}-q_e)-ex\end{array}\right\}\tag{5-9}$$

其中，$q_e\leqslant\bar{q}$。

式(5-9)中，x 表示单位援助措施所投入的援助额；ex 表示援助恢复措施 e 下所投入的援助额；$w\bar{q}$表示稳态下制造商支付的订金；p 表示突发事件发生的概率。式(5-9)中，第一项表示支付的订金；第二项表示突发事件发生的情况下，制造商获得的利润与供应商 S_1 归还的订金之和；第三项表示突发事件没有发生的情况下，制造商获得的利润与供应商 S_1 归还的订金之和；第四项表示突发事件发生的情况下，制造商的商誉损失；第五项表示制造商提供给供应商 S_2 援助恢复所投入的援助额。

给定供应商 S_1 的单位订货量订金 w，以及供应商 S_2 遭受突发事件的概率 p，制造商可以优化自身的援助恢复决策，如命题 4 所示。

命题 4：制造商最优援助恢复措施 e^* 满足 $t'(e)=\dfrac{x}{p(r-w_1-w_2+w+g_m)}$

证明：式(5-9)分别对 e 进行一阶求导和二阶求导得：

$$\frac{\partial\Pi_m(e)}{\partial e}=p(r-w_1-w_2+w)\frac{\partial q_e}{\partial e}+pg_m\frac{\partial q_e}{\partial e}-x$$

$$\frac{\partial^2\Pi_m(e)}{\partial e^2}=p(r-w_1-w_2+w)\frac{\partial^2 q_e}{\partial e^2}+pg_m\frac{\partial^2 q_e}{\partial e^2}$$

其中，$q_e=t(e)$。由于$\dfrac{\partial^2 q_e}{\partial e^2}=t''(e)<0$，则$\dfrac{\partial^2\Pi_m(e)}{\partial e^2}>0$，即$\Pi_m(e)$是关于 e 的凹函数。令$\dfrac{\partial\psi_m(e)}{\partial e}=0$，即可求得$\dfrac{\partial q_e}{\partial e}=t'(e)=\dfrac{x}{p(r-w_1-w_2+w+g_m)}$。证毕。

由于 $t'(e)>0$，$t''(e)<0$，即 $t'(e)$是关于 e 的减函数，即制造商的最优援助恢复措施 e^* 是关于突发事件概率 p、支付给供应商单位订单的订金 w 及制造商自身的单位商誉成本 g_m 递增的，是关于制造商单位援助措施所花费的援助额 x 递减的。

命题 1 给出了突发事件下制造商最优援助恢复措施 e^*，由于订金 w 是供应商 S_1 的决策变量，所以制造商投入的援助恢复措施则取决于 p 和 w 的大小，且 e^* 是关于 p 和 w 的增函数。假设不存在订金即 $w=0$ 时的援助恢复措施为

e_n，则 e_n^* 满足 $t'(e)=\dfrac{x}{p(r-w_1-w_2+g_m)}$，也就是说，即使供应商 S_1 不制定订金决策，制造商也会投入援助恢复措施；而供应商 S_1 之所以要制定订金决策，是希望制造商能投入更多的援助恢复措施，以降低自身订单被取消的风险。那么，供应商 S_1 是否能无限增加订金，当订金满足什么条件时，制造商有意愿投入更多的援助恢复措施，从而使得供应商 S_2 的产量恢复的更多？值得注意的是：

(1)假设在不存在订金时，应急援助下的最优恢复产量 $q_{en}^*=t(e_n^*)\geqslant\overline{q}$，则供应商 S_1 制定订金决策是没有意义的，因为此时供应商 S_2 的最优恢复产量已经达到了稳态下的目标，供应商并不存在订单被取消的风险；

(2)假设不存在订金时，应急援助下的最优恢复产量 $q_{en}^*=t(e_n^*)<\overline{q}$，则该情况下供应商 S_1 制定订金决策是有意义的，订金的存在是使得最优恢复产量 $q_e^*=t(e^*)>q_{en}^*$ 且 $q_e^*\leqslant\overline{q}$(即存在订金下的最优恢复产量要大于不存在订金下的最优恢复产量，但不超过稳态下制造商的最优订货量)。

为了研究供应商 S_1 的订金 w 满足的条件，我们将 q_e 以显性函数的形式来表达。前面假设 $t'(e)>0$，$t''(e)<0$，可以令 $q_e=t(e)=ae^b$(其中，a 是产量恢复的规模系数；b 是产量恢复的弹性系数，$0<b<1$)，进而可以得到命题 5。

命题 5：假设 $q_e=t(e)=ae^b\ (0<b<1)$，当 $w\leqslant\min\{\overline{w},w_1\}$ 时，制造商 M 有意愿投入更多的援助恢复措施 e，此时，$q_e^*=t(e^*)=a\left[\dfrac{pab(r-w_1-w_2+w+g_m)}{x}\right]\dfrac{b}{1-b}$；

其中，$\overline{w}=\dfrac{x}{pab}(\overline{q}/a)^{\frac{1-b}{b}}-c_1$，$c_1=r-w_1-w_2+g_m$，$c_2=r-v+g_m$，$\overline{q}=F^{-1}(c_1/c_2)$

证明：由于 $q_e=t(e)=ae^b$，则 $t'(e)=abe^{b-1}$；根据命题 1 的结论，$abe^{b-1}=\dfrac{x}{p(r-w_1-w_2+w+g_m)}$，可以求解出 $e^*=\left[\dfrac{pab(r-w_1-w_2+w+g_m)}{x}\right]^{\frac{1}{1-b}}$，则供应商 S_2 的最优恢复产量为 $q_e^*=t(e^*)=a\left[\dfrac{pab(r-w_1-w_2+w+g_m)}{x}\right]^{\frac{b}{1-b}}$。由于 $q_e^*\leqslant\overline{q}$，则有 $a\left[\dfrac{pab(r-w_1-w_2+w+g_m)}{x}\right]^{\frac{b}{1-b}}\leqslant\overline{q}$；令 $c_1=r-w_1-w_2+g_m$，$c_2=r-v+g_m$，求解上式得：$w\leqslant\overline{w}=\dfrac{x}{pab}(\overline{q}/a)^{\frac{1-b}{b}}-c_1$，其中，$\overline{q}=F^{-1}(c_1/c_2)$。

根据前面的假设：供应商 S_1 收取的订金 w 不会大于批发价，即 $w<w_1$。所以，当 $w\leqslant\min\left\{\frac{x}{pab}(\bar{q}/a)^{\frac{1-b}{b}}-c_1,w_1\right\}$ 时，制造商 M 才有意愿投入更多的应急援助恢复措施 e。证毕。

以上分析了当供应商 S_1 的订金 w 满足什么条件时，制造商有意愿投入更多的援助恢复措施。那么，当存在订金下的供应商 S_2 的恢复产量 q_e^* 对突发事件概率 p 敏感性程度与不存在订金情况下的敏感性程度相比，哪个更高？供应商 S_2 产量恢复的弹性系数 b 对这种敏感性程度又是如何影响的？相关结论如推论 3 所示。

推论 3：给定 $w\leqslant\min\{\bar{w},w_1\}$：

(1) 若 $\bar{w}=\frac{x}{ab}(\bar{q}/a)^{\frac{1-b}{b}}-c_1$，$p\in[0,1]$ 或 $\bar{w}=\frac{x}{p_2ab}(\bar{q}/a)^{\frac{1-b}{b}}-c_1$，$p\in[0,p_2]$，$\partial q_e^*/\partial p>\partial q_{en}^*/\partial p>0$；若 $\bar{w}=0$，$p\in(p_2,1]$，$\partial q_e^*/\partial p=0$，$\partial q_{en}^*/\partial p>0$；

(2) 若 $\bar{w}=\frac{x}{p_2ab}(\bar{q}/a)^{\frac{1-b}{b}}-c_1$，$p\in(0,p_2]$，$\partial q_e^*/\partial p>\partial q_{en}^*/\partial p>0$；若 $w=0$，$p\in(p_2,p_1]$，$\partial q_e^*/\partial p=0$，$\partial q_{en}^*/\partial p>0$；若 $p\in(p_1,1]$，$\partial q_e^*/\partial p=\partial q_{en}^*/\partial p=0$。

其中，$p_2=\frac{x}{ab(c_1+\bar{w})}(\bar{q}/a)^{\frac{1-b}{b}}$，$p_1=\frac{x}{abc_1}(\bar{q}/a)^{\frac{1-b}{b}}$；

(3) 当 $b\geqslant1/2$，$\partial^2q_e^*/\partial p^2\geqslant0$；当 $b<1/2$，$\partial^2q_e^*/\partial p^2<0$。

证明：当 $w\leqslant\min\{\bar{w},w_1\}$ 时，满足 $q_e^*\leqslant\bar{q}$，制造商有意愿投入更多的援助恢复措施。可以分为三种情况讨论，第一种情况是 q_{en}^* 恒小于 $\bar{q}$，q_e^* 恒小于等于 $\bar{q}$，那么当 $p=1$ 时，也满足 $q_e^*\leqslant\bar{q}$；第二种情况是 q_{en}^* 恒小于 $\bar{q}$，当 $p\in[0,1)$ 时，满足 $q_e^*\leqslant\bar{q}$；第一和第二种情况如图 5-3 所示；第三种情况是当 $p\in[0,1)$ 时，$q_{en}^*\leqslant q_e^*\leqslant\bar{q}$，如图 5-4 所示。

(1) 考虑第一和第二种情况：由命题 5 知，当 $w\leqslant\min\{\bar{w},w_1\}$，$q_e^*\leqslant\bar{q}$。若 $p=1$ 时，$q_{en}^*<\bar{q}$ 且 $q_e^*\leqslant\bar{q}$；将 $p=1$ 带入 $\bar{w}$，则有 $\bar{w}=\frac{x}{ab}(\bar{q}/a)^{\frac{1-b}{b}}-c_1$；若 $p=\bar{p}_2<1$ 时(其中，$\bar{p}_2$ 为 $q_e^*=\bar{q}$ 时所对应的 p 点)，$q_{en}^*<\bar{q}$ 且 $q_e^*\leqslant\bar{q}$，将 $p=\bar{p}_2$ 带入 $\bar{w}$，则有 $\bar{w}=\frac{x}{p_2ab}(\bar{q}/a)^{\frac{1-b}{b}}-c_1$。由于 $\frac{\partial q_e^*}{\partial p}=\frac{a^2b^2(c_1+w)}{(1-b)x}\left[\frac{pab(c_1+w)}{x}\right]^{\frac{2b-1}{1-b}}$，$\frac{\partial q_{en}^*}{\partial p}\frac{a^2b^2c_1}{(1-b)x}\left[\frac{pabc_1}{x}\right]^{\frac{2b-1}{1-b}}$，所以，若 $\bar{w}=\frac{x}{ab}(\bar{q}/a)^{\frac{1-b}{b}}-c_1$，$p\in[0,1]$ 或 $\bar{w}=\frac{x}{p_2ab}(\bar{q}/a)^{\frac{1-b}{b}}-c_1$，$p\in[0,\bar{p}_2]$ 时，$\partial q_e^*/\partial p>\partial q_{en}^*/\partial p>0$；若 $\bar{w}=0$，$p\in(\bar{p}_2$，

1]，此时，$q_e^*=\overline{q}$，则$\partial q_e^*/\partial p=0$，$\partial q_{en}^*/\partial p>0$。

(2)考虑第三种情况：当 $q_{en}^*=\overline{q}$时，对应的 p 为 $\overline{p}_1=\frac{x}{abc_1}(\overline{q}/a)^{\frac{1-b}{b}}$；当 $q_e^*=\overline{q}$时，对应的 p 为$\overline{p}_2=\frac{x}{ab(c_1+w)}(\overline{q}/a)^{\frac{1-b}{b}}$，$0<\overline{p}_2<\overline{p}_1<1$。当 $q_{en}^*\geqslant\overline{q}$，即当 $p\in[\overline{p}_1,1]$时，供应商 S_1 制定订金决策没有意义，即 $w=0$；当 $q_{en}^*<\overline{q}$，即当 $p\in(0,\overline{p}_2]$时，供应商 S_1 制定订金决策有意义，此时$\overline{w}=\frac{x}{p_2ab}(\overline{q}/a)^{\frac{1-b}{b}}-c_1$；当 $p\in(\overline{p}_2,\overline{p}_1)$时，由于 $q_{en}^*=\overline{q}$，供应商 S_1 制定订金决策也没有意义，即 $w=0$。根据(1)的证明知：若 $\overline{w}=\frac{x}{p_2ab}(\overline{q}/a)^{\frac{1-b}{b}}-c_1$，$p\in(0,\overline{p}_2]$，$\partial q_e^*/\partial p>\partial q_{en}^*/\partial p>0$；若 $w=0$，$p\in(\overline{p}_2,\overline{p}_1]$，$\partial q_e^*/\partial p=0$，$\partial q_{en}^*/\partial p>0$；若 $p\in(\overline{p}_1,1]$，此时，$q_e^*=q_{en}^*=\overline{q}$，则$\partial q_e^*/\partial p=\partial q_{en}^*/\partial p=0$。

(3)由于$\frac{\partial^2 q_e^*}{\partial p^2}=\frac{a^2b^2(2b-1)(c_1+w)}{(1-b)^2x}\left[\frac{pab(c_1+w)}{x}\right]^{\frac{3b-2}{1-b}}$，很明显，当 $b>\frac{1}{2}$时，$\frac{\partial^2 q_e^*}{\partial p^2}>\frac{\partial^2 q_{en}^*}{\partial p^2}>0$；当 $b=\frac{1}{2}$时，$\frac{\partial^2 q_e^*}{\partial p^2}=\frac{\partial^2 q_{en}^*}{\partial p^2}=0$；当 $b<\frac{1}{2}$时，$\frac{\partial^2 q_e^*}{\partial p^2}<\frac{\partial^2 q_{en}^*}{\partial p^2}<0$。证毕。

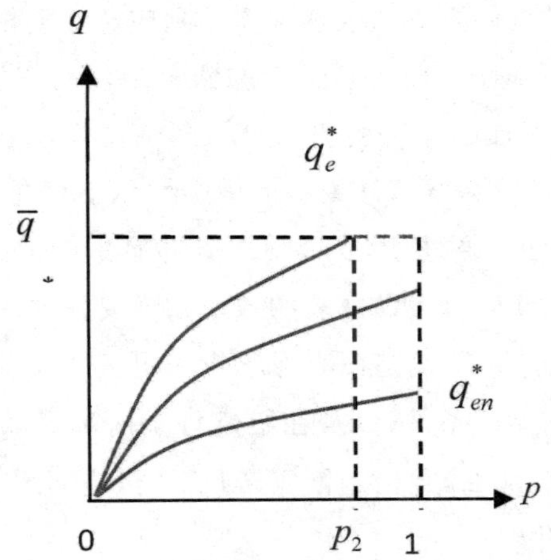

图 5-3　情形 1：突发事件概率对恢复产量的影响

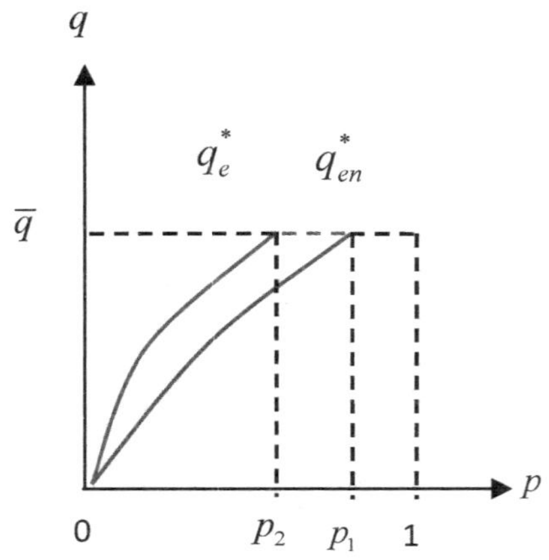

图 5-4 情形 2:突发事件概率对恢复产量的影响

推论 3 给出了存在订金与不存在订金两种情况下的恢复产量对突发事件概率的敏感性,当突发事件概率在某一区间范围内时,突发事件概率越大,恢复产量越多,表明制造商对突发事件风险的态度是规避的;当突发事件概率超出某一区间范围时,随着突发事件概率的增加,恢复产量维持稳态下的最优产量不变,因为恢复产量不会超过稳态下的最优产量;由于订金的存在,当突发事件概率在某一区间范围内时,其恢复产量对突发事件概率的敏感性要高于不存在订金的情况;恢复产量对突发事件概率的敏感性要受到应急援助恢复弹性系数的影响,当弹性系数大于某一个值时,存在订金下的恢复产量对突发事件的敏感性比不存在订金下的敏感性增加的速度要快;相反,当恢复弹性系数小于某一个值时,存在订金下的恢复产量对突发事件概率的敏感性比不存在订金下的敏感性减缓的速度要快。以上说明了,恢复产量对突发事件概率的敏感性除了要受到订金的影响,还会受到制造商应急援助恢复的效率如恢复弹性系数的影响。

命题 2 和推论 3 分析了:制造商有意愿投入更多的应急援助恢复措施下,供应商 S_1 的订金应该满足的条件;以及在给定订金所满足的条件,恢复产量对突发事件概率的敏感性。那么,在给定恢复产量下,供应商 S_1 如何制定订金决策,使得自身的利润最大化?

5.3.2.2 可靠供应商的订金决策

由于商业信用的原因,在实际商业运营中订单可能被部分或全部取消,这取决于其下游企业的市场环境、供应链运营环境等。如前所述,在装配式供应链中:①装配制造商可能由于关键零部件的供应中断而取消其他供应商的订单;

②由于存在商誉成本，制造商会帮助不可靠的供应商进行应急援助恢复。可靠供应商为防范订单取消带来的风险，要求制造商先预付订金，而其订金决策的依据则依赖于制造商预先所制定的援助恢复决策。

在制造商 M 提供给供应商 S_2 援助恢复下，供应商 S_1 的期望利润函数为：

$$\Pi_{s1}(w)=w\bar{q}+p[(w_1-w)q_e^*-g_{s1}(\bar{q}-q_e^*)]+(1-p)(w_1-w)\bar{q} \tag{5-10}$$

式(5-10)中，第一项表示供应商 S_1 收到的订金；第二项表示突发事件发生的情况下，供应商 S_1 的收益减去归还的订金以及商誉成本；第二项表示突发事件没有发生的情况下，供应商 S_1 的收益减去归还的订金。

式(5-10)进一步化简得到式(5-11)：

$$\Pi_{s1}(w)=p(w_1+g_{s1}-w)q_e^*+[(1-p)w_1-pg_{s1}+pw]\bar{q} \tag{5-11}$$

对于供应商 S_1 来说，不管供应链其他成员的运营状况如何，为了防范订单取消风险而制定订金决策是明智的。假定在不存在订金的情况下，供应商 S_1 的期望利润是 $\Pi_{s1}^n(w)$，则由式(5-10)可知，

$$\Pi_{s1}^n=p[w_1q_{en}^*-g_{s1}(\bar{q}-q_{en}^*)]+(1-p)w_1\bar{q} \tag{5-12}$$

式(5-10)减去式(5-12)得：

$$\Pi_{s1}(w)-\Pi_{s1}^n=p[(w_1+q_{s1})(q_e^*-q_{en}^*)+w(\bar{q}-q_e^*)]\geqslant 0 \tag{5-13}$$

其，$q_{en}^*\leqslant q_e^*\leqslant\bar{q}$。

由于中 $\Pi_{s1}(w)-\Pi_{s1}^n\geqslant 0$，所以，供应商 S_1 制定订金决策可以有效激励制造商投入更多的应急援助恢复措施，增加了供应商的恢复产量，降低了订单被取消的风险（当 $q_e^*=\bar{q}$ 时，订单被取消的风险为零），进而增加了自身的期望利润，这与实际的供应链运营是吻合的。

根据式(5-11)，可以得到供应商 S_1 的最优订金 w^*、供应商 S_2 最优恢复产量 q_e^{**} 以及供应商 S_1 的最优期望利润 $\Pi_{s1}^*(w)$，其中，$\Pi_{s1}^*(w)$ 如式(5-14)所示

$$\Pi_{s1}^*(w)=p(w_1+g_{s1}-w^*)q_e^{**}+[(1-p)w_1-pg_{s1}+pw^*]\bar{q} \tag{5-14}$$

命题 6：给定 $w\leqslant\min\{\bar{w},w_1\}$，存在一个最优的订金 $w^*=\bar{w}$ 或 $w^*=w_1$ 使得供应商 S_1 的运营目标达到最优；当 $\bar{w}\leqslant w_1$ 时，$w^*=\bar{w}$，$q_e^{**}=\bar{q}$，$\Pi_{s1}^*(w)=w_1\bar{q}$；当 $\bar{w}\geqslant w_1$ 时，$w^*=w_1$，$q_e^{**}\leqslant\bar{q}$，$\Pi_{s1}^*(w)=w_1\bar{q}-pg_{s1}(\bar{q}-q_e^{**})$；

其中，$q_e^{**}=a\left[\dfrac{pab(c_1+w^*)}{x}\right]^{\frac{b}{1-b}}$，$\bar{w}=\dfrac{x}{pab}(\bar{q}/a)^{\frac{1-b}{b}}-c_1$

证明：式(5-11)对 w 一阶求导得：

$$\frac{\partial \Pi_{s1}(w)}{\partial w}=p\left[-q_e^*+(w_1+g_{s1}-w)\frac{\partial q_e^*}{\partial w}+\overline{q}\right]$$

其中，$q_e^*=a\left[\frac{pab(c_1+w)}{x}\right]^{\frac{b}{1-b}}$；$c_1=r-w_1-w_2+g_m$。

由于$\frac{\partial q_e^*}{\partial w}=\frac{pa^2b^2}{(1-b)x}\left[\frac{pab(c_1+w)}{x}\right]^{\frac{2b-1}{1-b}}=\frac{bq_e^*}{(1-b)(c_1+w)}$

则有，$\frac{\partial \Pi_{s1}(w)}{\partial w}=pq_e^*\left[-1+\frac{b}{1-b}\frac{w_1+g_{s1}-w}{c_1+w}+\frac{\overline{q}}{q_e^*}\right]$

由于$\overline{q}\geqslant q_e^*$，那么，

$$\frac{\partial \Pi_{s1}(w)}{\partial w}\geqslant pq_e^*\ \frac{b}{1-b}\frac{w_1+g_{s1}-w}{c_1+w}>0$$

以上说明了：w 越大，$\Pi_{s1}(w)$越大；而 $w\leqslant\min\{\overline{w},w_1\}$；则 w^* 取$\overline{w}$或 w_1；当且仅当$\overline{w}\leqslant w_1$ 时，$w^*=\overline{w}$；$\overline{w}\geqslant w_1$ 时，$w^*=w_1$。

当 $w^*=\overline{w}$时，$q_e^{**}=\overline{q}$，则$\Pi_{s1}^*(w)=p(w_1+g_{s1}-w^*)\overline{q}+[(1-p)w_1-g_{s1}+pw^*]\overline{q}=w_1\overline{q}$；当 $w^*=w_1$ 时，$q_e^{**}\leqslant\overline{q}$，则$\Pi_{s1}^*(w)=pg_{s1}q_e^{**}+(w_1-pg_{s1})\overline{q}=w_1\overline{q}-pg_{s1}(\overline{q}-q_e^{**})$。

证毕。

命题 6 中可看出：突发事件下，存在一个最优的订金使得供应商 S_1 的运营目标达到最优，最优订金的大小取决于供应商 S_2 突发事件发生的概率以及制造商对供应商 S_2 应急援助的效率如恢复弹性系数。

5.3.3 可靠供应商最优决策的影响因素分析

对于供应商 S_1 来说，其制定订金决策是为了促使制造商增加应急援助措施，以提高供应商 S_2 的恢复产量，进而增加自身的期望利润。供应商 S_1 最优订金的制定则取决于突发事件发生的概率以及制造商对供应商 S_2 应急援助的效率如恢复弹性系数；而最优订金又会影响到供应商 S_2 的最优恢复产量，进而影响到供应商 S_1 的最优期望利润。首先，给定恢复弹性系数，分析突发事件概率对最优订金、最优恢复产量以及供应商 S_1 期望利润的影响。

1）突发事件概率对最优订金、最优恢复产量和可靠供应商期望利润的影响

推论 4：保持 b 不变：(1)当 $p\leqslant\overline{p}_2$ 时，$w^*=w_1$，$\partial w^*/\partial p=0$；

(2)当$\overline{p}_2\leqslant p\leqslant\overline{p}_1$ 时，$w^*=\overline{w}$，$\partial w^*/\partial p<0$；

(3)当 $p\geqslant\overline{p}_1$ 时，$w^*=0$，$\partial w^*/\partial p=0$；

其中，$\overline{p}_1=\frac{x}{abc_1}(\overline{q}/a)^{\frac{1-b}{b}}$，$\overline{p}_2=\frac{x}{ab(c_1+w_1)}(\overline{q}/a)^{\frac{1-b}{b}}$

证明：由命题5知，当$\overline{w}\geqslant w_1$时，$w^*=w_1$，并将$w^*=w_1$带入推论3中的$p_2$表达式中，则有：

$$\overline{p}_2=p_2(w^*=w_1)=\frac{x}{ab(c_1+w_1)}(\overline{q}/a)^{\frac{1-b}{b}},$$

当$p\leqslant\overline{p}_2$时，$\partial w^*/\partial p=0$；当$\overline{w}\leqslant w_1$时，$w^*=\overline{w}=\frac{x}{pab}(\overline{q}/a)^{\frac{1-b}{b}}-c_1$，所以当$p\geqslant\overline{p}_2$时，$\partial w^*/\partial p<0$；特别地，当$w^*=0$时，将$w^*=0$带入推论1中的$p_1$表达式中，则有$\overline{p}_1=p_1(w^*=0)=\frac{x}{abc_1}(\overline{q}/a)^{\frac{1-b}{b}}$，所以，当$p\geqslant\overline{p}_1$时，$\partial w^*/\partial p=0$。证毕。

推论5：保持b不变：(1)$p\geqslant\overline{p}_2$时，$q_e^{**}=\overline{q}$，$\partial q_e^{**}/\partial p=0$；

(2)当$p\leqslant\overline{p}_2$时，$q_e^{**}\leqslant\overline{q}$，$\partial q_e^{**}/\partial p>0$；其中，$q_e^{**}=a[pab(c_1+w_1)/x]^{\frac{b}{1-b}}$

当$1/2<b\leqslant\overline{b}_2$时，$\partial^2 q_e^{**}/\partial p^2>0$；当$b<1/2$时，$\partial^2 q_e^{**}/\partial p^2<0$

证明：由命题6和推论4可知：①当$p\geqslant\overline{p}_2$时，$w^*=0$或$w^*=\overline{w}$，此时$q_e^{**}=\overline{q}$，则有$\partial q_e^{**}/\partial p=0$；②当$p\leqslant\overline{p}_2$，$w^*=w_1$，此时$q_e^{**}=a[pab(c_1+w_1)/x]^{\frac{b}{1-b}}$，则有$\partial q_e^{**}/\partial p>0$；由推论3知，$\frac{\partial^2 q_e^{**}}{\partial p^2}=\frac{a^2b^2(2b-1)(c_1+w_1)}{(1-b)^2x}\left[\frac{pab(c_1+w_1)}{x}\right]^{\frac{3b-2}{1-b}}$，所以，当$1/2<b<1$时，$\partial^2 q_e^{**}/\partial p^2>0$；当$b<1/2$时，$\partial^2 q_e^{**}/\partial p^2<0$。证毕。

推论4和推论6中可看出，供应商S_1的最优订金是突发事件概率的非递增函数，供应商S_2的最优恢复产量是突发事件概率的非递减函数。如图5-5、图5-6、图5-7所示：

(1)若突发事件概率不大于某一个特定的值；当突发事件概率增大时，最优订金等于批发价保持不变，此时最优恢复产量没有达到稳态下的最优产量。

(2)若突发事件概率大于某个特定的值；当突发事件概率增大时，最优订金变小，但此时最优恢复产量达到了稳态下的最优产量。

以上可以解释为：突发事件概率本身就是制造商提供应急援助恢复的一个动力，当突发事件概率不大于某一个特定的值时，供应商S_2的产量虽然在恢复，但恢复得较为缓慢，供应商S_1为了促使制造商投入更多的援助措施，其制定的订金等于批发价(相当于一手交钱，一手交货)；当突发事件概率大于某一个特定的值时，供应商 S_2 的产量恢复良好；此时，供应商 S_1 的最优订金对供应商 S_2 的产量恢复的动力有所减弱，其最优订金在小于批发价的情形下就可以保证恢复产量达到稳态下的最优产量；而且，突发事件概率越大，最优订金会变得越小。特别地，当恢复弹性系数较大时，最优恢复产量增加的速度在加快。供应商 S_1 最优订金决策下，突发事件概率对其最优期望利润的影响如推论 6 所示。

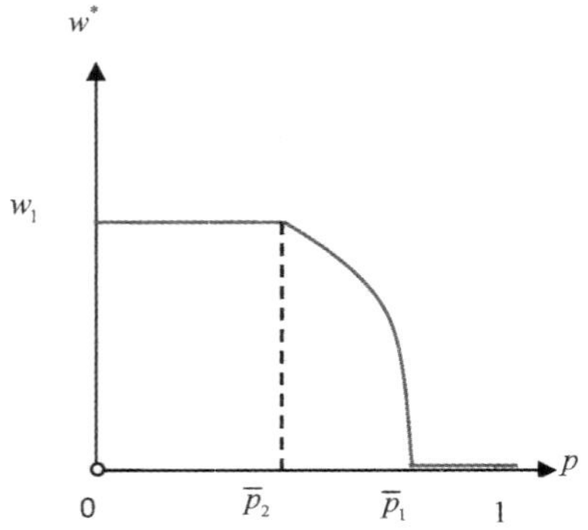

图 5-5　突发事件概率对最优订金的影响

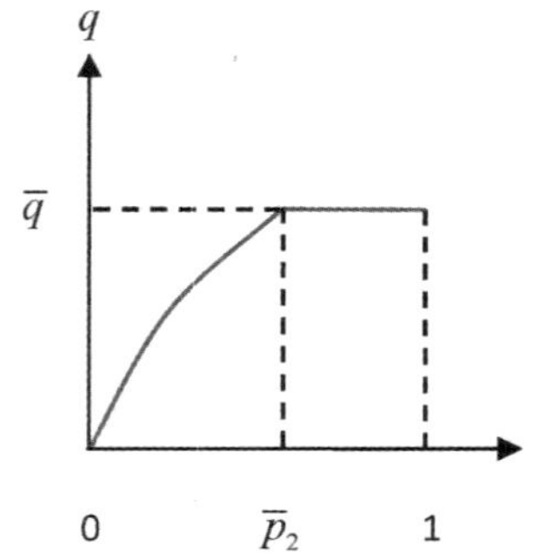

图 5-6　当 $b<1/2$ 突发事件概率对恢复产量的影响

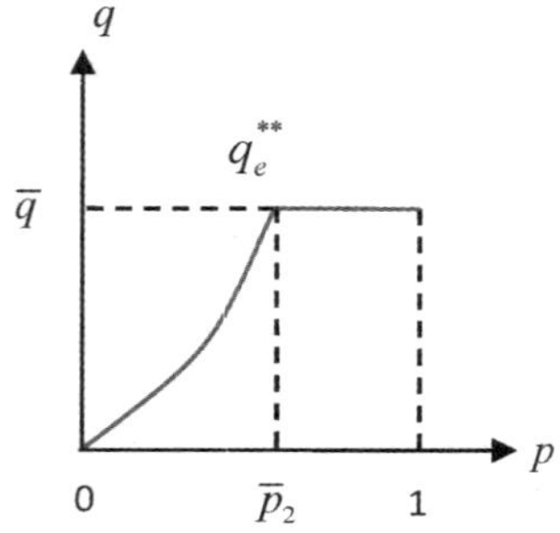

图 5-7　当 $b<1/2$ 突发事件概率对恢复产量的影响

推论 6：保持 b 不变：(1)当 $p\geqslant\overline{p}_2$ 时，$\Pi_{s1}^*(w)=w_1\overline{q}$，$\partial\Pi_{s1}^*(w)/\partial p=0$；

(2)当 $p\leqslant\overline{p}_2$ 时，$\Pi_{s1}^*(w)=w_1\overline{q}-pg_{s1}(\overline{q}-q_e^{**})$；

当 $p<\overline{p}_3$ 时，$\partial\Pi_{s1}^*(w)/\partial p<0$；当 $\overline{p}_3\leqslant p\leqslant\overline{p}_2$ 时，$\partial\Pi_{s1}^*(w)/\partial p\geqslant0$；

其中，$\overline{p}_3=\dfrac{x}{ab(c_1+w_1)}[(1-b)\overline{q}/a]^{\frac{1-b}{b}}$

证明：由命题 6 和推论 5 知：

(1)当 $p\geqslant\overline{p}_2$ 时，$w^*=\overline{w}$，$q_e^{**}=\overline{q}$，并带入式(5-14)，则有 $\Pi_{s1}^*(w)=w_1q$，所以，$\partial\Pi_{s1}^*(w)/\partial p=0$；

(2)当 $p\leqslant\overline{p}_2$ 时，$w^*=w_1$；将 w^* 带入式(5-14)，则有 $\Pi_{s1}^*(w)=w_1\overline{q}-pg_{s1}(\overline{q}-q_e^{**})$，其中，$q_e^{**}=a\left[\dfrac{pab(c_1+w_1)}{x}\right]^{\frac{b}{1-b}}$。

$\Pi_{s1}^*(w)$ 对 p 一阶求导得：$\dfrac{\partial\Pi_{s1}^*(w)}{\partial p}=p\dfrac{\partial q_e^{**}}{\partial p}+q_e^{**}-\overline{q}=\dfrac{b}{1-b}q_e^{**}+q_e^{**}-\overline{q}=\dfrac{a}{1-b}\left[\dfrac{pab(c_1+w_1)}{x}\right]^{\frac{b}{1-b}}-\overline{q}$；

若 $\dfrac{\partial\Pi_{s1}^*(w)}{\partial p}<0$，则有 $p<\overline{p}_3=\dfrac{x}{ab(c_1+w_1)}[(1-b)\overline{q}/a]^{\frac{1-b}{b}}$；若 $\dfrac{\partial\Pi_{s1}^*(w)}{\partial p}\geqslant0$，则有 $p\geqslant\overline{p}_3$；由推论 4 知，当 $w^*=w_1$ 时，$p\leqslant\overline{p}_2$，所以有 $\overline{p}_3\leqslant p\leqslant\overline{p}_2$。证毕。

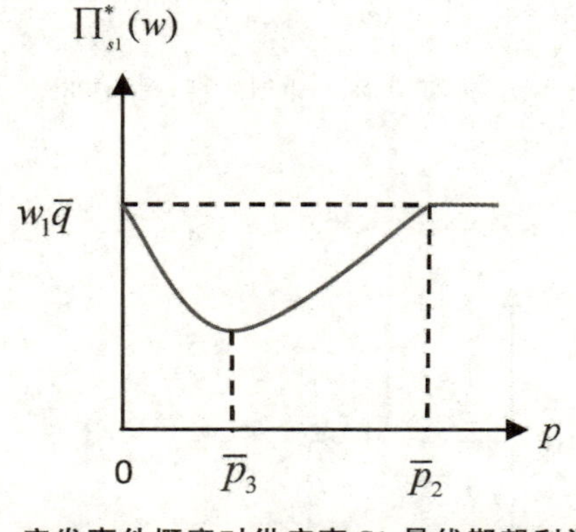

图 5-8 突发事件概率对供应商 S1 最优期望利润的影响

突发事件概率对供应商 S_1 最优期望利润的影响如图 5-8 所示。结合推论 4、推论 5 和推论 6，当突发事件概率到达某一个值($\overline{p}_2$)时，由于突发事件概率本身就是恢复的动力；那么，在订金小于批发价下，供应商 S_2 的恢复产量达到稳态下的最优产量，所以供应商 S_1 的最优利润达到稳态的最优利润。当突发概率小于等于某一个值(图 5-8 中的 $\overline{p}_3$ 点)，随着突发事件概率的增加，最优利润越小；突发事件大于这个值时，最优利润增加，直至增加到稳态下的最优利润。可以解释为：当突发事件概率较小(小于 $\overline{p}_3$)时，即使单位订金等于单位批发价，但由于恢复产量较小，供应商 S_1 收取的订金所获得的收益完全不能弥补订单被取消所带来的损失；当突发事件概率较大(大于 $\overline{p}_3$ 小于 $\overline{p}_2$)时，单位订金等于单位批发价，由于恢复产量较大，供应商 S_1 收取的订金所获得的收益能部分弥补订单被部分取消所带来的损失。

2) 恢复弹性系数对最优订金、最优恢复产量和供应商 S_1 期望利润的影响

推论 7：保持 p 不变：(1) 当 $b \leqslant \overline{b}_2$ 时，$w^* = w_1$，$\partial w^* / \partial b = 0$；$q_e^{**} \leqslant \overline{q}$，$\partial q_e^{**} / \partial b > 0$；$\Pi_{s1}^*(w) = w_1 \overline{q} - pg_{s1}(\overline{q} - q_e^{**})$，$\partial \Pi_{s1}^*(w) / \partial b > 0$；(2) 当 $\overline{b}_2 \leqslant b \leqslant \overline{b}_1$ 时，$w^* = \overline{w}$，$\partial w^* / \partial b < 0$；$q_e^{**} = \overline{q}$，$\partial q_e^{**} / \partial b = 0$；$\Pi_{s1}^*(w) = w_1 \overline{q}$，$\partial \Pi_{s1}^*(w) / \partial b = 0$

证明：令 $\overline{b}_2$ 和 $\overline{b}_1$ 分别为 $q_e^{**} = \overline{q}$ 和 $q_{en}^* = \overline{q}$ 时 b 的解；

当 $b \leqslant \overline{b}_2$ 时，$\overline{w} \geqslant w_1$，则 $w^* = w_1$；

当 $b \geqslant \overline{b}_2$ 时，$\overline{w} \leqslant w_1$，则 $w^* = \overline{w}$；

特别地，当 $b \geqslant \overline{b}_1$ 时，$w^* = 0$。

根据命题 6 的结论：当 $w^* = w_1$ 时，$q_e^{**} \leqslant \overline{q}$，$\Pi_{s1}^*(w) = w_1 \overline{q} - pg_{s1}(\overline{q} - q_e^{**})$；当 $w^* = \overline{w}$ 时，$q_e^{**} = \overline{q}$，$\Pi_{s1}^*(w) = w_1 \overline{q}$；

w^*、q_e^{**}、$\prod_{s1}^*(w)$ 分别对 b 求一阶倒数，结论如推论 7 所示。

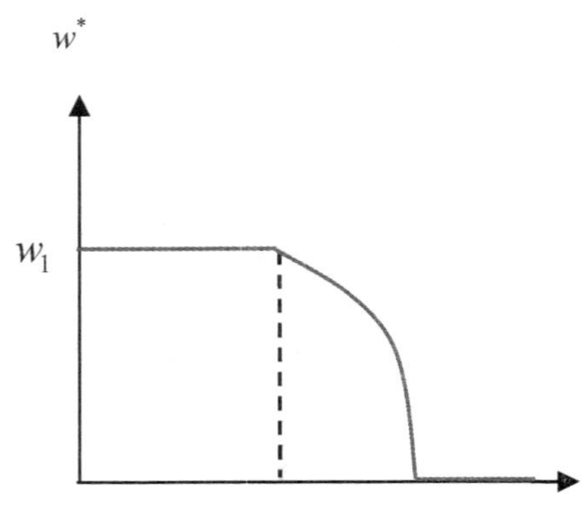

图 5-9 恢复弹性系数对最优订金的影响

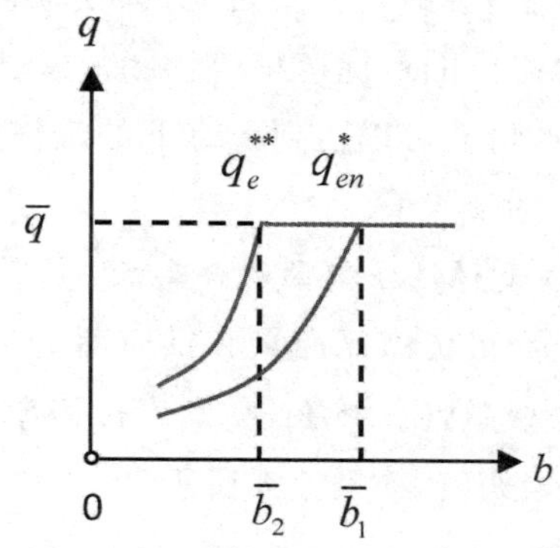

图 5－10 恢复弹性系数对恢复产量的影响

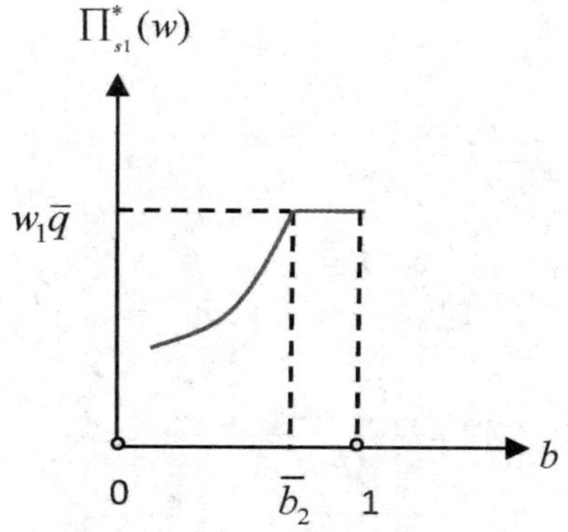

图 5-11　恢复弹性系数对最优期望利润的影响

推论 7 可看出，供应商 S_1 的最优订金是恢复弹性系数的非递增函数，供应商 S_2 的最优恢复产量和供应商 S_1 的最优利润是恢复弹性系数的非递减函数。如图 5-9、图 5-10、图 5-11 所示，保持突发事件概率不变时：

(1)若恢复弹性系数不大于某一个特定的值，供应商 S_1 为了防范应急恢复能力不足，其最优订金等于批发价保持不变，即相当于一手交钱，一手交货；此时，最优恢复产量没有达到稳态下的最优产量，最优利润也没有达到稳态下的最优利润。

(2)若恢复弹性系数大于某一个特定的值，供应商 S_1 的最优订金对供应商 S_2 的产量恢复的动力有所减弱，其最优订金在小于批发价的情形下就可以保证恢复产量达到稳态下的最优产量，最优利润也达到稳态下的最优利润；而且，恢复弹性系数越大，最优订金会变得越小。

可以进一步地解释为：当援助效率不足时，即使最优订金等于批发价，最优援助恢复产量也达不到稳态下的最优产量；当援助效率相对较强时，即使最优订金小于批发价，最优恢复产量也可以达到稳态下的最优产量，此时供应商 S_1 的最优利润可以达到稳态下的最优值。

3）突发事件概率和恢复弹性系数的联合影响

以上分析了，最优订金、最优恢复产量和供应商 S_1 最优利润分别对突发事件概率和恢复弹性系数的敏感性。那么，突发事件概率和恢复弹性系数对供应商 S_1 最优决策的联合影响如何，如推论 6 所示。

推论 8：(1) 当 $p \geqslant \overline{p}_2$ 或 $\overline{b}_2 \leqslant b < \overline{b}_1$ 时，$\partial^2 w^* / \partial p \partial b > 0$；

(2) 当 $p \leqslant \overline{p}_2$ 或 $b \leqslant \overline{b}_2$ 时，$\partial q_e^{**} / \partial p \partial b > 0$，$\partial^2 \prod_{s1}^* (w) / \partial p \partial b > 0$；

证明：

(1) 当 $p \geqslant \overline{p}_2$ 或 $b \geqslant \overline{b}_2$ 时，$w^* = \overline{w} = \dfrac{x}{pab} (\overline{q}/a)^{\frac{1-b}{b}} - c_1$，所以，$\partial^2 w^* / \partial p \partial b > 0$；

(2) 当 $p \leqslant \overline{p}_2$ 或 $b \leqslant \overline{b}_2$ 时，$w^* = w_1$，$q_e^{**} = a \left[\dfrac{pab(c_1 + w^*)}{x} \right]^{\frac{b}{1-b}}$，所以，$\partial q_e^{**} / \partial p \partial b > 0$；由推论 4 知，$\dfrac{\partial \prod_{s1}^* (w)}{\partial p} = \dfrac{a}{1-b} \left[\dfrac{pab(c_1 + w_1)}{x} \right]^{\frac{b}{1-b}} - \overline{q}$，所以，$\dfrac{\partial^2 \prod_{s1}^* (w)}{\partial p \partial b} > 0$。

推论 8 可看出：

(1) 当突发事件概率大于某个值时，随着突发事件概率的增大，供应商 S_1 的最优订金减小，但是当恢复弹性系数增加时，最优订金减小的趋势在加速；当恢复弹性系数大于某一个值时，随着恢复弹性系数的增加，供应商 S_1 的最优订金减小，但是当突发事件概率增加时，最优订金减小的趋势在加速；以上说明了突发事件概率和恢复弹性系数都比较大的情况下，供应商 S_2 的恢复产量较多，供应商 S_1 利用订金作为恢复的动力较弱。

(2) 当突发事件概率小于某个值时，随着突发事件概率的增大，供应商 S_2 的最优恢复产量增加，但还不到稳态下的最优产量，但是当恢复弹性系数增大，恢复产量增加的趋势在加速；当恢复弹性系数大于某一个值时，随着恢复弹性系数的增大，最优恢复产量增加，但还不到稳态下的最优产量，但是当突发事件概率增加时，最优恢复产量增加的趋势加速；以上说明了突发事件概率和恢复弹性系数都比较小的情况下，供应商 S_2 的恢复产量较少，供应商 S_1 利用订金作为恢复的动力较强。

(3)结合推论 6，当突发事件概率小于某个值(图 5-8 中的$\overline{p}_3$ 点)时，随着突发事件概率的增大，供应商 S_1 的最优利润在减小(此时，订金的存在还不能弥补突发事件所带来的损失)，但是当恢复弹性系数增大时，最优利润减小的速度在趋缓；当突发事件大于某一个值时，随着突发事件概率的增大，供应商 S_1 的最优利润在增加，但是当恢复弹性系数增大时，最优利润增加的速度在加速；特别地，当突发事件概率等于某个值(图 5-8 中的$\overline{p}_2$ 点)时，供应商 S_1 的最优利润等于稳态下的最优利润。结合推论 7，当恢复弹性系数小于某一个值时，随着恢复弹性系数的增大，供应商 S_1 的最优利润在增加；当突发事件概率增大时，这种增加的趋势在加速。

4) 存在订金与不存在订金决策下的可靠供应商最优利润比较

接下来，我们进一步分析比较制定订金决策与不存在订金决策两种情况下的供应商 S_1 最优利润，比较这两种情形下的供应商 S_1 最优期望利润对突发事件概率的敏感性，并探讨恢复弹性系数对这种敏感性的影响。根据推论 6，我们同样可以得到不存在订金下的突发事件概率 p 对最优期望利润 Π_{s1}^n 的影响，如推论 9 所示。

推论 9：保持 b 不变：(1)当 $p<\overline{p}_4$ 时，$\partial \Pi_{s1}^n/\partial p<0$；

(2)当$\overline{p}_4\leqslant p\leqslant \overline{p}_1$ 时，$\partial \Pi_{s1}^n/\partial p\geqslant 0$；

(3)当 $p\geqslant \overline{p}_1$ 时，$\partial \Pi_{s1}^n/\partial p=0$；

其中，$\overline{p}_4=\dfrac{x}{abc_1}[(1-b)\overline{q}/a]^{\frac{1-b}{b}}$，$\overline{p}_1=\dfrac{x}{abc_1}(\overline{q}/a)^{\frac{1-b}{b}}$。

证明：式(5-12)对 p 一阶求导得：

$$\frac{\partial \Pi_{s1}^n}{\partial p}=(w_1+g_{s1})\left[p\frac{\partial q_{en}^*}{\partial p}+q_{en}^*-\overline{q}\right]$$

其中，$p\dfrac{\partial q_{en}^*}{\partial p}+q_{en}^*-\overline{q}=\dfrac{b}{1-b}q_{en}^*+q_{en}^*-\overline{q}=\dfrac{a}{1-b}\left[\dfrac{pabc_1}{x}\right]^{\frac{b}{1-b}}-\overline{q}$；

当$\dfrac{\partial \Pi_{s1}^n}{\partial p}<0$；

那么，$p<\dfrac{x}{abc_1}[(1-b)\overline{q}/a]^{\frac{1-b}{b}}$；

当$\dfrac{\partial \Pi_{s1}^n}{\partial p}\geqslant 0$；

那么，$p \geqslant \frac{x}{abc_1}[(1-b)\overline{q}/a]^{\frac{1-b}{b}}$；

由于，$q_{en}^* \leqslant \overline{q}$；

则 $p \leqslant \frac{x}{abc_1}(\overline{q}/a)^{\frac{1-b}{b}}$；

令 $\overline{p}_4 = \frac{x}{abc_1}[(1-b)\overline{q}/a]^{\frac{1-b}{b}}$，$\overline{p}_1 = \frac{x}{abc_1}(\overline{q}/a)^{\frac{1-b}{b}}$，即可得到相关结论。证毕。

比较图 5-12 和图 5-13，可以发现：

当恢复弹性系数 b 增大时，$\overline{p}_1$、$\overline{p}_2$、$\overline{p}_3$ 和 $\overline{p}_4$ 都变小；当恢复弹性系数小于某一个特定值时，$\overline{p}_3 < \overline{p}_4 < \overline{p}_2 < \overline{p}_1$；当恢复弹性系数大于某一个特定值时，$\overline{p}_3 < \overline{p}_2 < \overline{p}_4 < \overline{p}_1$；也就是说，当恢复弹性系统增大时，曲线 $\Pi_{s1}^*(w)$ 和 Π_{s1}^n 往左移，且曲线 $\Pi_{s1}^*(w)$ 的利润最大值所对应的 $\overline{p}_2$ 点比曲线 Π_{s1}^n 利润最小值所对应的 $\overline{p}_4$ 点往左移动速度要快；当 $b < \overline{b}_3$ 时，$\overline{p}_2 > \overline{p}_4$；当 $b > \overline{b}_3$ 时，虽然 $\overline{p}_2$ 和 $\overline{p}_4$ 的值都在变小，但 $\overline{p}_2 < \overline{p}_4$。

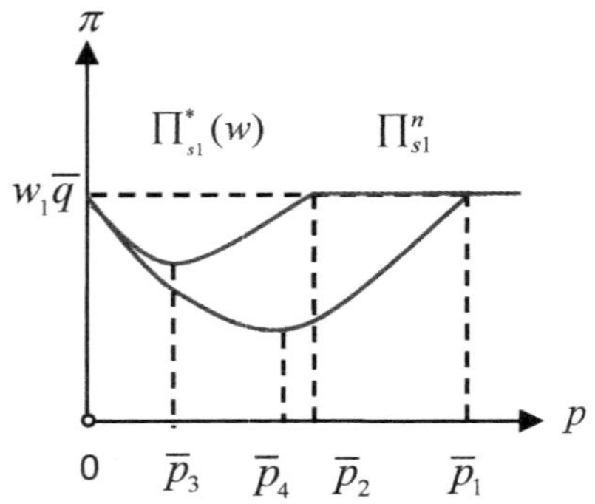

图 5-12 当 $b \leqslant \overline{b}_3$ 时两种情景下突发事件概率对供应商 S_1 最优利润影响比较

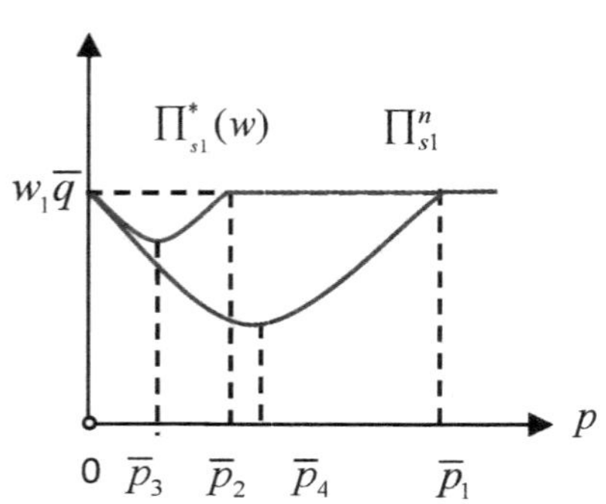

图 5-13 当 $b \leqslant \overline{b}_3$ 时两种情景下突发事件概率对供应商 S_1 最优利润影响比较

也就是说，当恢复效率较高时，面对小概率事件，存在订金情况下的供应商 S_1 的最优期望利润可以恢复到稳态下的水平；但是不存在订金下的供应商 S_1 的最优期望利润却处于一个相对较低的水平，这说明了应急援助恢复下，供应商 S_1 的最优期望利润的水平与恢复效率以及是否有订金决策的存在有很大的关系。由推论 6 和推论 9 可以得到以下有关结论：

结论 1：制造商所投入的援助恢复的效率越高，对供应商 S_1 总是有利的；且当恢复效率较高时，供应商 S_1 并不担心小概率事件；

结论 2：保持恢复效率不变，不存在订金情况下，供应商 S_1 对小概率事件较为敏感，而更偏爱大概率事件(因为突发事件的概率增加时，制造商提供应急援助恢复的动力在增强)；存在订金情况下，供应商 S_1 对小概率事件的敏感性有所减弱。

那么，当突发事件概率不变时，存在订金与不存在订金两种情况下，供应商 S_1 对恢复效率如对恢复弹性系数的敏感性如何？相比较存在订金情况，如果不存在订金情况下的供应商 S_1 的最优期望利润与存在订金情况的差距在减小，那么说明不存在情况下，供应商 S_1 对恢复效率更加敏感。令 $\Delta\pi$ 为存在订金与不存在订金情况下的供应商 S_1 的最优期望利润的差值，则由式(5-13)得：$\Delta\pi=\Pi_{s1}^{*}(w)-\Pi_{s1}^{n}=p[(w_1+g_{s1})(q_e^{**}-q_{en}^{*})+w^{*}(\bar{q}-q_e^{**})]$。

而 b 对 $\Delta\pi$ 的敏感性如推论 10 所示。

推论 10：(1) 当 $\bar{b}_2\leqslant b\leqslant\bar{b}_1$ 时，$\dfrac{\partial\Delta\pi}{\partial b}<0$；

(2) 当 $b\leqslant\bar{b}_2$ 时，若 $\dfrac{\partial q_{en}^{*}}{\partial b}\Big/\dfrac{\partial q_e^{**}}{\partial b}>\dfrac{g_{s1}}{w_1+g_{s1}}$，$\dfrac{\partial\Delta\pi}{\partial b}<0$；

$$\text{若}\frac{\partial q_{en}^{*}}{\partial b}\Big/\frac{\partial q_e^{**}}{\partial b}<\frac{g_{s1}}{w_1+g_{s1}},\ \frac{\partial\Delta\pi}{\partial b}>0$$

证明：由推论 7 知，当 $\bar{b}_2\leqslant b\leqslant\bar{b}_1$ 时，$w^{*}=\bar{w}$，$q_e^{**}=\bar{q}$；当 $b\leqslant\bar{b}_2$ 时，$w^{*}=w_1$，$q_e^{**}\leqslant\bar{q}$；

(1) 当 $\bar{b}_2\leqslant b\leqslant\bar{b}_1$ 时，$\Delta\pi=p[(w_1+g_{s1})(\bar{q}-q_{en}^{*})]$，则 $\dfrac{\partial\Delta\pi}{\partial b}=-\dfrac{\partial q_{en}^{*}}{\partial b}<0$；

(2) 当 $b\leqslant\bar{b}_2$ 时，$\Delta\pi=p[(w_1+g_{s1})(q_e^{**}-q_{en}^{*})+w_1(\bar{q}-q_e^{**})]$；

那么，$\dfrac{\partial\Delta\pi}{\partial b}=p\left[g_{s1}\dfrac{\partial q_e^{**}}{\partial b}-(w_1+g_{s1})\dfrac{\partial q_{en}^{*}}{\partial b}\right]$；

分别令 $\dfrac{\partial\Delta\pi}{\partial b}<0$ 和 $\dfrac{\partial\Delta\pi}{\partial b}>0$，即可得到相关结论。证毕。

由推论 10 可看出：

当恢复弹性系数较强，即$\bar{b}_2 \leqslant b \leqslant \bar{b}_1$ 时，存在订金下的供应商 S_1 的最优期望利润已经达到稳态下的水平，不存在订金下的供应商 S_1 的最优期望利润达不到到稳态下的水平；此时，恢复弹性系数增大，存在订金下的供应商 S_1 的最优期望利润不变（此时，最优订金在减小），但存在订金下的供应商 S_1 的最优期望利润增加（此时，最优订金等于批发价）。所以，随着恢复弹性系数的增大，利润的差值在变小，即$\frac{\partial \Delta\pi}{\partial b}<0$。

当弹性系数不足，即 $b \leqslant \bar{b}_2$ 时，无论是否存在订金，供应商 S_2 的恢复产量都达不到稳态下的水平，供应商 S_1 的最优期望利润也达不到稳态下的水平。那么，两种情况下的供应商 S_1 的最优期望利润差值对恢复弹性系数的敏感性要取决于两种情况下的最优恢复产量对恢复弹性系数的敏感性大小（这取决于供应链运营的成本参数及突发事件概率参数的大小），当不存在订金情况下的最优恢复产量对恢复弹性系数的敏感性大于存在订金情况下的敏感性的一定比例时，随着恢复弹性系数的增大，利润的差值在变小，即$\frac{\partial \Delta\pi}{\partial b}<0$；反之，利润的差值在变大。综合以上，我们可以得到结论 3。

结论 3：保持突发事件概率不变，当恢复效率较高，或当恢复效率较低且不存在订金下的恢复产量对恢复效率的敏感性相对较高时，存在订金与不存在订金下的最优期望利润差值在变小，即不存在订金情况下，供应商 S_1 对恢复弹性系数更敏感；当恢复效率较低，不存在订金下的恢复产量对恢复效率的敏感性相对较低时，存在订金与不存在订金下的最优期望利润差值在变大，即存在订金情况下，供应商 S_1 对恢复弹性系数更敏感。

综合推论 7 和推论 8，我们讨论订金决策在防范突发事件风险中的作用，如结论 4 所示。

结论 4：当恢复效率较低时，不管有没有订金，供应商都担心小概率事件，即供应商对小概率事件是较为敏感的，可见援助恢复的效率决定了供应商面临的风险大小；当恢复效率较低或面对小概率事件时，订金的激励作用体现的较为明显；当恢复较高或面对大概率事件时，订金的激励作用体现的相对不明显。

5.3.4 算例分析

假设在稳态下的供应链运营相关参数：$r=10$，$w_1=4$，$w_2=2$，$g_m=4$，$g_{s1}=$

$1, v=2, d$ 服从于[240,280]的均匀分布。我们很容易求得稳态下的制造商最优订货量为：$\overline{q}=F^{-1}\left(\frac{r-w_1-w_2+g_m}{r-v+g_m}\right)=F^{-1}\left(\frac{10-4-2+4}{10-2+4}\right)=240+\frac{3}{4}(280-240)=270$。

突发事件风险下，制造商 M 给不可靠供应商 S_2 提供应急援助恢复，假设不可靠供应商 S_2 恢复的产量为 $q_e=t(e)=ae^b=10e^{2/3}$（其中，$a=10, b=2/3$），单位援助恢复措施所花费资金 $x=1$。我们可以得到供应商最优的应急援助恢复措施 $e^*=\left[\frac{pab(r-w_1-w_2+w+g_m)}{x}\right]^{\frac{1}{1-b}}=\left[\frac{20}{3}p(8+w)\right]^3$，不可靠供应商 S_2 最优恢复产量 $q_e^*=t(e^*)=a\left[\frac{pab(r-w_1-w_2+w+g_m)}{x}\right]^{\frac{b}{1-b}}=10\left[\frac{20}{3}p(8+w)\right]^2$。

可以发现：可靠供应商 S_1 制定的订金 w 越大时，可以激励制造商 M 投入更多的应急援助恢复措施。当然，w 需要满足一定条件时，制造商 M 才有动力投入更多的应急援助恢复措施。由命题 5 知，$w\leqslant\min\left\{\frac{x}{pab}(\overline{q}/a)^{\frac{1-b}{b}}-c_1, w_1\right\}=\left\{\frac{9\sqrt{3}}{20p}-8, 4\right\}$。根据命题 6，我们可以得到供应商 S_1 的最优订金 w^*，供应商 S_2 的最优恢复产量 q_e^{**} 以及供应商 S_1 的最优订金期望利润 $\Pi_{s1}^*(w)$；同理，也可以得到不存在订金下的供应商 S_2 的最优恢复产量 q_{en}^* 以及供应商 S_1 的最优订金期望利润 Π_{s1}^n。接下来，我们分析突发事件概率对相关变量的影响。

(1) p 对 w^* 的影响。由推论 4 知，当 $p\leqslant\overline{p}_2$ 时，$w^*=w_1=4$；当 $\overline{p}_2\leqslant p\leqslant\overline{p}_1$ 时，$w^*=\overline{w}=\frac{9\sqrt{3}}{20p}-8$；

其中，$\overline{p}_2=\frac{x}{ab(c_1+w_1)}(\overline{q}/a)^{\frac{1-b}{b}}=\frac{3\sqrt{3}}{80}$；$\overline{p}_1=\frac{x}{abc_1}(\overline{q}/a)^{\frac{1-b}{b}}=\frac{9\sqrt{3}}{160}$。$p$ 对 w^* 的影响如图 5-14 所示。

(2) p 对 q_e^{**} 与 q_{en}^* 的影响。由推论 5 知，当 $p\leqslant\overline{p}_2=\frac{3\sqrt{3}}{80}$ 时，$q_e^{**}=64000*p^2$；

当 $p\geqslant\overline{p}_2=\frac{3\sqrt{3}}{80}$ 时，$q_e^{**}=\overline{q}=270$；由推论 3 知，当 $p\geqslant\overline{p}_1=\frac{9\sqrt{3}}{160}$ 时，$q_e^{**}=\overline{q}=270$；

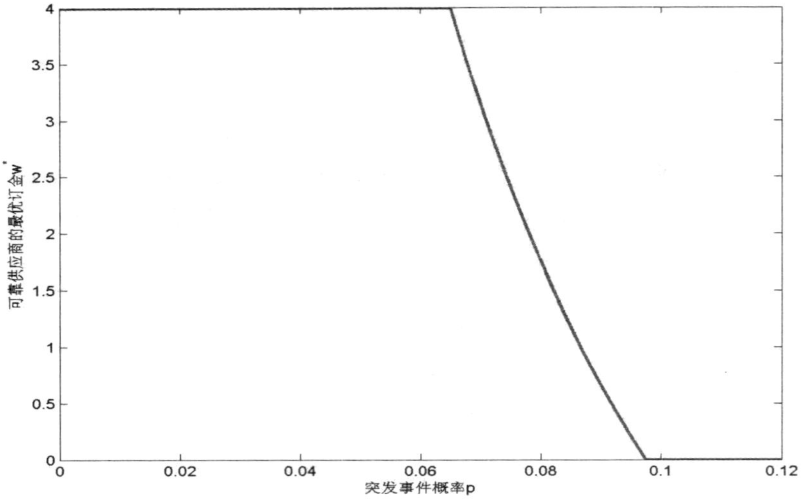

图 5-14 突发事件概率对最优订金的影响

当 $p\leqslant\overline{p}_1=\frac{9\sqrt{3}}{160}$，$q_e^{**}=10*\left(\frac{160}{3}\right)^2p^2$。$p$ 对 q_e^{**} 与 q_{en}^{*} 的影响如图 5-15 所示。

需要是说明的是，当存在订金时，订金本身是随着突发事件概率的变化而变化，有关订金与突发事件概率的相关性如图 5-14 所示。

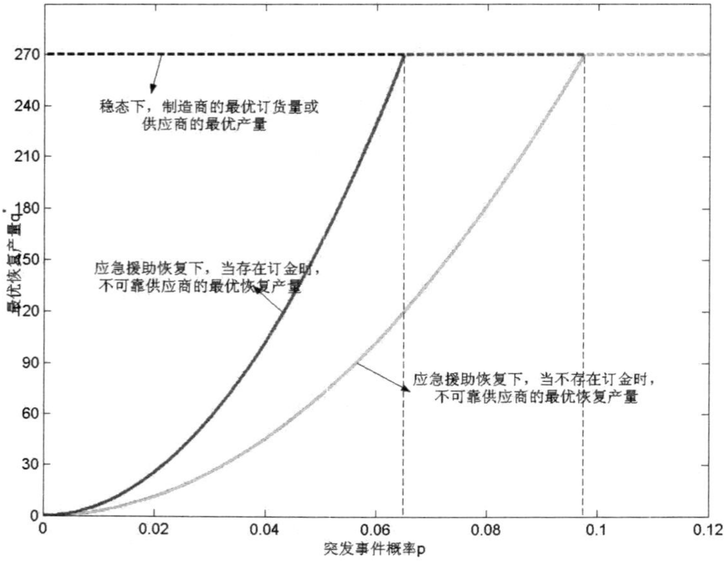

图 5-15 突发事件概率对最优恢复产量的影响

可以发现,供应商 S_1 的最优订金一开始等于批发价,应急援助恢复下,供应商 S_2 的产量在逐步恢复;随着突发事件的概率的增大,供应商 S_1 的最优订金在小于批发价的情况下,就可以使得供应商 S_2 的产量恢复到稳态下的水平。

(3)由推论 6 知,当 $p \geqslant \overline{p}_2 = \frac{3\sqrt{3}}{80}$ 时,$\Pi_{s1}^*(w) = w_1\,\overline{q} = 1080$;

当 $p \leqslant \overline{p}_2 = \frac{3\sqrt{3}}{80}$ 时,$\Pi_{s1}^*(w) = w_1\,\overline{q} - pg_{s1}(\overline{q} - q_e^{**}) = 1080 - p[270 - 10(80p)^2]$;

由推论 9 知,当 $p \geqslant \overline{p}_1$ 时,$\Pi_{s1}^n = w_1\,\overline{q} = 1080$;当 $p \leqslant \overline{p}_1 = \frac{9\sqrt{3}}{160}$ 时,

$\Pi_{s1}^n = w_1\,\overline{q} - (w_1 + g_{s1})(\overline{q} - q_{en}^*) = 1080 - 5p\left[270 - 10\left(\frac{160}{3}\right)^2 p^2\right]$;

p 对 $\Pi_{s1}^*(w)$ 与 Π_{s1}^n 的影响如图 5 - 16 所示。同样,图 5 - 16 中,当存在订金时,订金与突发事件概率的相关性如图 5 - 14 所示。

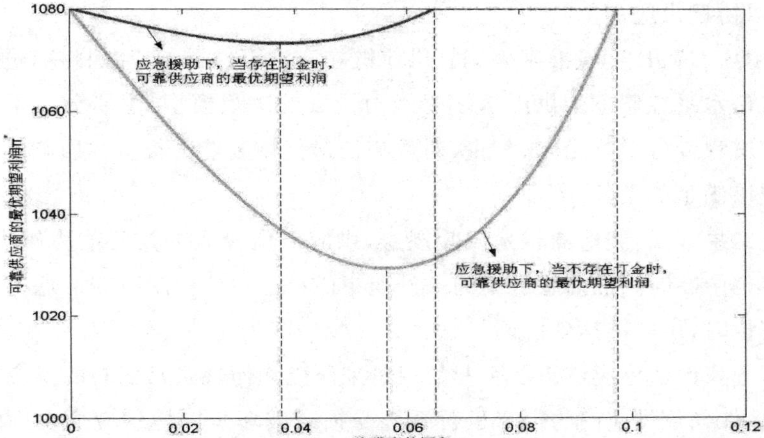

图 5 - 16　突发事件概率对最优期望利润的影响

可以发现:①存在订金情况下的供应商 S_1 的最优期望利润总是不小于不存在订金情况的最优水平,这说明制定订金决策对供应商 S_1 总是有利的;②当

$p=\frac{9\sqrt{3}}{160}=0.0974$ 时，不存在订金情况下的供应商 S_1 的最优期望利润可以得到稳态下的水平；当 $p=\frac{3\sqrt{3}}{80}=0.0563$ 时，存在订金情况下的供应商 S_1 的最优期望利润可以得到稳态下的水平。

以上说明了：不存在订金情况下，供应商 S_1 比较偏爱大概率事件，因为突发事件概率大小本事就是制造商投入应急援助恢复的动力；存在订金情况下，对供应商 S_1 来说，其并不担心大概率事件，但是小概率事件的敏感性有所减弱，因为此时订金充当了制造商投入应急援助恢复的另外一个动力。

5.4　本章小结

针对不可控突发事件风险或小概率事件风险，企业可以通过预先布置预先的应急防范资源部署和周到的应急恢复计划，突发事件来临时受损的运营设施可以得到及时恢复，本章主要研究了：

1）供应商遭遇突发事件下的恢复能力投资

(1)分权供应链下，制造商运用基于绩效的契约来激励供应商投资合适的恢复能力，以协调供应链。

(2)引入 CVaR 度量准则来刻画供应链在突发事件下的应急目标，进而建立了一定置信水平控制下的供应链恢复能力投资的决策模型，主要分析了制造商的风险规避程度(用 CVaR 来度量)对供应链最优恢复能力投资的影响以及供应链协调应该满足的条件。

研究结果表明：制造商越是风险规避，供应链所投入的恢复能力越大；当制造商的单位中断时间的商誉成本的条件期望值等于单位中断时间的惩罚系数的条件期望值时，供应链达到协调状态。

该部分我们从供应链下游企业的视角来研究如何规避其面对的供应中断风险(突发事件导致供应商的生产运营系统受损或破坏)，同样供应商也面临着需求中断风险(突发事件导致制造商的生产运营系统受损或破坏)，所以同时考虑制造商的供应中断风险和供应商的需求中断风险下，供应链成员各自的恢复决策以及供应链的协调是未来的一个研究方向。另外，本章的研究是基于这样的一个假设：生产运营系统的恢复服从于指数分布，这是一个特殊的分布，主要考虑到求解的方便，指数分布下，恢复的时间的期望值和标准差都是常数。如果恢复时间具有不确定性，也就说即使投入恢复能力，其恢复的效果不一定如管理者预期的那样投入就会有预期的回报，那么考虑恢复时间不确定下的供应链恢复能力投资决策及供应链协调也是未来的一个研究方向。

2）装配式供应链突发事件应急援助恢复与订金决策

(1)给出了稳态下(供应商是可靠的)的制造商最优订货量，由于两个零部件供应商以 1∶1 比例装配成一个产成品，所以制造商向两个供应商的最优订货量是相等的。

(2)突发事件风险下，给定可靠供应商的订金和突发事件的发生概率，制造商制定对不可靠供应商的应急恢复援助决策，得到了制造商的最优应急援助措施(最优应急援助措施是订金的函数)。

(3)给定制造商的最优应急援助措施和不可靠供应商的最优恢复产量，可靠供应商制定订金决策，进而得到了最优订金、最优恢复产量和最优利润，并分别分析了它们对突发事件概率和恢复弹性系数的敏感性。

(4)分析比较了存在订金与不存在订金情况下的可靠供应商最优利润对突发事件概率的敏感性，并指出了恢复弹性系数对这种敏感性的影响。

该部分我们假设制造商投入的援助恢复能力的相关信息对于双方来说是对称的，在实际的供应链运营中，这种信息往往是不对称的，即制造商可能会提供一个虚假的信息。那么，在信息不对称下，可靠供应商如何设计或优化自身的订金决策引导制造商给出真实的援助恢复能力投资信息，是未来的一个研究方向。另外，在本章研究的制造商的援助能力决策中，将不可靠供应商和制造商看成是一个整体，相当于制造商自身投入了援助恢复能力，并未涉及两个上下游企业之间的关系。实际上，在实际的供应链运营中，如果供应商不能正常供货，是要受到下游企业制造商的惩罚的。那么在本章的研究基础之上，引入惩罚变量，研究惩罚变量对最优援助恢复能力的影响，进而对可靠供应商的订金决策又是如何的影响，也是未来的一个研究方向。

第 6 章

突发性需求下的供应链日常计划问题

6.1 引言

突发性需求下,企业需要为突发性需求做好日常计划,如产能的预备决策及应急协调,这直接关系到企业供应链运作的效率。在 SARS 事件引发的市场对诸如板蓝根、消毒液、医用口罩等的突发性需求下,很多企业要为突然膨胀的能力寻找出路,如成都地奥面临大量的生产能力闲置问题。在供应链能力决策与协调等问题上,Cachon 讨论了在强制服从和自愿服从两种机制下,拥有信息的一方如何设计基于信号博弈的期权契约,以保证上游进行足够量的生产。Ozer O 则考虑了信息甄别博弈下(screening in game theory)的能力预约契约和信号博弈下的能力预购契约,以实现供应链的协调。Ryan 考虑了需求不确定和建立产能存在前置期下的能力短缺风险等问题。研究了能力预约契约下的高科技产品能力扩张与供应链协调问题,并讨论了市场需求信息更新情况。本章研究突发事件引发突发性需求下的供应链能力决策及应急协调问题,研究不同点有:①本文考虑在突发性需求下价格是外生变量。现实中,由于考虑企业的品牌效应以及政府对关系民生健康的产品的价格管制,很少有企业能将全部成本通过价格调整转嫁给消费者;②上述文献中假设的突发性需求信息对于供应链成员来说是对称的,本文考虑了突发性需求信息不对称情况,并将基于信息甄别博弈的能力预约契约引入到突发性需求下的供应链能力决策与协调问题的研究。

6.2　基准模型及能力协调

6.2.1　基准模型

我们考虑一个由制造商和零售商构成的短生命周期产品供应链下的能力决策问题。由于市场需求的不确定性和建立能力对提前期的要求，制造商不得不在市场需求实现之前建立能力 K（假设建立单位能力的成本为 c_k）。零售商在观察到市场需求实现以后才下订单，制造商按订单需求生产（假设制造商的单位生产边际成本为 c），零售商收到产品后以固定的价格 p（p 为外生变量）出售，很显然 $p>c+c_k$，否则决策失去意义。

假设在能力决策之前，制造商和零售商都对市场需求信息 D 有一个基本判断，令 $D=u+\varepsilon$，其中 u 为常量，ε 服从于均值为 0、概率密度为 $f(.)$（设 $f(.)$ 连续可微）和累计分布为 $F(.)$ 的随机分布。设 $S(K)$ 为给定能力 K 下的期望销售量，则有 $S(K)=E[\min(D,K)]=E[\min(u+\varepsilon,K)]$。不失一般性，不考虑缺货损失，而且未售库存的残值为零。

首先考虑集权供应链下的能力决策问题，给出供应链、制造商和零售商利润函数

$$\Pi^{I}(K)=(p-c)E[\min(u+\varepsilon,K)]-c_kK \tag{6-1}$$

$$\Pi^{m}(K)=(w-c)E[\min(u+\varepsilon,K)]-c_kK \tag{6-2}$$

$$\Pi^{r}(K)=(p-c)E[\min(u+\varepsilon,K)] \tag{6-3}$$

由于 $\Pi^{I}(K)$ 为递增的凹函数，可得到最优的能力 $K^*=u+F^{-1}((p-c-c_k)/(p-c))$。分权供应链下，运用传统的批发价契约进行协调，得到的最优能力为 $K^{ws}=u+F^{-1}((w-c-c_k)/(w-c))$，而 $K^{ws}<K^*$，没有达到集权供应链下的能力最优决策值，以下考虑能力预约契约下的供应链协调。

6.2.2　能力预约协调

能力预约契约协调供应链的顺序为：①制造商提供能力预约菜单，零售商为单位能力预约提供转移支付 r；②制造商建立能力 K；③零售商在观察到市场需求信息 D 后开始下订单；④制造商尽量完成零售商的订单并交货 $\min(D,K)$；⑤零售商在收到货物后以单价 p 出售。

在能力预约契约下的制造商和零售商的利润函数分别为：

$$\Pi^m(K)=(w-c)E\min(u+\varepsilon,K)+(r-c_k)K$$

$$\Pi^r(K)=(p-w)E\min(u+\varepsilon,K)-rK$$

命题 1：对称信息下，通过提供线性能力预约下的单位能力转移支付 $r=(p-w)c_k/(p-c)$，可以使供应链得到协调，制造商获得系数为 $\tau=(w-c)/(p-c)\times 100\%$ 的供应链利润，零售商获得系数为 $1-\tau$ 的供应链利润。

证明：假如使得 $(w-c)/(p-c)=(c_k-r)/c_k=\tau$，则 $\Pi^m(K)=\tau\Pi^I(K)$，$\Pi^s(K)=(1-\tau)\Pi^I(K)$，即制造商和零售商都获得了供应链利润的一部分。通过求解，$\partial_k\max\Pi^m(K)$ 等价于 $\partial_k\max\Pi^I(K)$。

6.3 突发性需求下的供应链能力应急协调

我们认为突发性需求下的供应链能力应急是一个两期决策问题：第一期，制造商在市场需求 $D=u+\varepsilon$ 的基础上建立能力；第二期，突发事件导致了突发性的市场需求 $v+\xi$（假设突发性市场需求由 v 和 ξ 两部分组成，符号的界定由后面分别讨论），则新的市场需求为 $D+v+\xi=u+\varepsilon+v+\xi$。需要指出的是，由于是突发性需求，所以我们假设由于受到突发事件的影响，市场需求变化的部分与原有的市场需求是独立的，即 ξ 是独立于 ε 的。

以下就供应链双方成员对突发性需求信息的了解的相关情况分别讨论：

(1)假设突发性需求信息对于供应链双方成员来说是对称的且是完全信息；即 v、ξ 是已知的，且为双方的共有信息。

(2)假设突发性需求信息对于供应链双方成员来说是对称的但是不完全信息；其中，v 是已知的，ξ 服从于均值为零、概率密度函数为 $g(.)$、累计分布为 $G(.)$ 的随机变量，双方对 v 和 ξ 的了解程度是一样的。

(3)假设突发性需求信息对于供应链双方成员来说是不对称的，其中 v 是已知的且为双方的共有信息，ξ 是零售商的私有信息，而对于制造商来说是(2)中假设的随机变量，但制造商了解 ξ 的分布区间为 $\xi\in[a,b]$。

6.3.1 突发性需求信息对称下的能力应急协调

突发性需求信息对称下，经过能力预约契约协调后的供应链、零售商和制造商的利润函数分别为：

$$\overline{\Pi}^I(K)=(p-c)E\min(u+\varepsilon+v+\xi,K)-c_kK-\lambda(K-K^*)^+ \quad (6-4)$$

$$\overline{\Pi}^r(K)=(p-w)E\min(u+\varepsilon+v+\xi,K)-rK \quad (6-5)$$

$$\overline{\Pi}^m(K)=(p-c)E\min(u+\varepsilon+v+\xi,K)+(r-c_k)K-\lambda(K-K^*)^+ \tag{6-6}$$

其中，K 为突发性需求下的供应链能力决策；K^* 为突发性需求前经能力预约协调后的供应链最优能力；$\lambda>0$ 为打破原来生产计划增加能力部分 $K-K^*$ 所带来的额外单位能力成本。由于本文研究的是突发性需求下的能力决策，所以只考虑 $v+\xi>0$ 的情况。

1）突发性需求信息对称且完全

命题2：突发性需求信息对称且完全下，u、v、ξ 是常数，ε 是随机变量，供应链最优能力 K 为：

$$K_{case1}，当 v+\xi>F^{-1}\left(\frac{p-c-c_k}{p-c}\right)-F^{-1}\left(\frac{p-c-c_k-\lambda}{p-c}\right)$$

$$K^*，其他$$

$$其中，K_{case1}=u+v+\xi+F^{-1}\left(\frac{p-c-c_k-\lambda}{p-c}\right) \tag{6-7}$$

证明：$\overline{\Pi}^I(K)$是严格凹函数，令$\overline{\Pi}^I(K)$的一阶导数等于零，求得

$$K_{case1}=u+v+\xi+F^{-1}\left(\frac{p-c-c_k-\lambda}{p-c}\right)$$

所以，当

$$v+\xi>F^{-1}\left(\frac{p-c-c_k}{p-c}\right)-F^{-1}\left(\frac{p-c-c_k-\lambda}{p-c}\right)$$

时，即当市场需求增大部分所带来的利润足够弥补调整能力所带来的成本时，增加能力到 K_{case1} 才有意义；相反，当市场需求增大部分所带来的利润还不能弥补能力扩张所带来的成本时，能力扩张无意义，此时应保持原有的能力 K^* 不变，得证。

命题3：突发性需求信息对称且完全下，通过调整参数 r 到$\bar{r}$，可使得供应链重新得到协调，(其中$\bar{r}=(p-w)(c_k+\lambda)/(p-c)$)，制造商获得系数为 τ 的供应链利润加上常数项 η，零售商获得系数为 $1-\tau$ 的供应链利润减去常数项 η(其中 $\eta=(p-w)\lambda K^*/(p-c)$)，可参照命题1证明。

2）突发性需求信息对称且但不完全

命题4：突发性需求对称但不完全下，u、v 是常数，ε、ξ 是随机变量，供应链最优能力 K 为：

$$K_{case2}，当 v>F^{-1}\left(\frac{p-c-c_k}{p-c}\right)-(F\circ G)^{-1}\left(\frac{p-c-c_k-\lambda}{p-c}\right)其中，$$

$$K^*,\text{其他}$$

$$K_{case2}=u+v+(F\circ G)^{-1}\left(\frac{p-c-c_k-\lambda}{p-c}\right)$$

证明：$\overline{\Pi^I}(K)$是严格凹函数，令$\overline{\Pi^I}(K)$的一阶导数等于零，求得

$$K_{case2}=u+v+(F\circ G)^{-1}\left(\frac{p-c-c_k-\lambda}{p-c}\right) \tag{6-8}$$

当$v>F^{-1}\left(\frac{p-c-c_k}{p-c}\right)-(F\circ G)^{-1}\left(\frac{p-c-c_k-\lambda_1}{p-c}\right)$，产能扩张到$K_{case2}$，否则维持原有产能$K^*$不变。至于如何协调该情况下的供应链能力，可参考命题3，协调中参数的变化是完全相同的。

通过比较命题1和命题3可以发现，无论突发性需求信息是确定还是不确定性的，只要供应链双方对市场需求的信息的认知是对称的，原有的能力预约协调还可以使用，也就是说能力预约协调具有一定的鲁棒性。特别指出的是，如果没有协调，制造商将单方面最大化自己的能力K^w_{case2}，K^w_{case2}为$K\geqslant K^*$时批发价契约下的供应链能力决策量，这个结果将在3.2中应用到。

3）突发性需求信息不对称

通过观察式(6-2)和式(6-3)，可以发现零售商的利润是有关制造商提供的能力K单调递增的，而制造商则要为多余的单位能力付出成本c_k。在双方的博弈中，当ξ为零售商的私有信息时，零售商有动力去夸大ξ的信息让制造商加大能力K，而制造商不相信零售商提供的有关ξ的信息，并根据对信息ξ的判断来调整能力K到K^a（K^a为不对称信息下经批发价契约协调的供应链能力决策），可求$K^a=u+v+(F\circ G)^{-1}((w-c-c_k-\lambda)/(w-c))$，与式(6-9)一样，其结果中并不包含$\xi$。所以，无论在信息对称但不完全还是在信息不对称下，批发价契约下的供应链能力决策值一样。以下考虑用信息甄别博弈下的能力预约契约对供应链进行协调。

基于信息甄别博弈的能力预约契约下，供应链的决策顺序如下：①制造商提供一个契约组合$\{K(\xi),P(\xi)\}$（其中$\xi\in[a,b]$，$P(\xi)$是基于信息ξ的转移支付）；②给定契约组合，零售商选择$\{K(\vec{\xi}),P(\vec{\xi})\}$（其中，$\vec{\xi}$是零售商给出的信息，不同于真实信息$\xi$；$P(\vec{\xi})$是基于信息$\vec{\xi}$的转移支付），制造商在收到$P(\vec{\xi})$后建立能力$K(\vec{\xi})$；③零售商在观察到市场的需求信息$D$后下订单；(4)制造商生产并发货$\min(D,K(\vec{\xi}))$；(5)零售商在收到货物以单价$p$出售。

突发性需求信息不对称下，经能力预约契约协调后的供应链、制造商和零售商的利润函数分别为：

$$\overline{\Pi_a^I}(K(\vec{\xi}),\xi)=(p-c)E\min(u+\varepsilon+v+\xi,K(\vec{\xi}))$$
$$-c_kK(\vec{\xi})-\lambda\,(K(\vec{\xi})-K^*)^+ \tag{6-9}$$

$$\overline{\Pi_a^m}(K(\vec{\xi}),P(\vec{\xi}),\xi)=(w-c)E\min(u+\varepsilon+v+\xi,K(\vec{\xi}))$$
$$+P(\vec{\xi})-\lambda\,(K(\vec{\xi})-K^*)^+-c_kK(\vec{\xi}) \tag{6-10}$$

$$\overline{\Pi_a^r}(K(\vec{\xi}),P(\vec{\xi}),\xi)=(p-w)E\min(u+\varepsilon+v+\xi,K(\vec{\xi}))-P(\vec{\xi}) \tag{6-11}$$

制造商通过信息揭示原理（revelation principal）引导零售商给出真实信息 ξ，使得自己的期望利润最大化，即有下式：

$$\max E\,\overline{\Pi_a^m}(K(\xi),P(\xi),\xi) \tag{6-12}$$

IC：$\overline{\Pi_a^r}(K(\xi),P(\xi),\xi)\geqslant\overline{\Pi_a^r}(K(\vec{\xi}),P(\vec{\xi}),\xi)$，对所有的 $\xi\neq\vec{\xi}$

PC：$\overline{\Pi_a^r}(K(\xi),P(\xi),\xi)\geqslant\overline{\Pi^r_{a\min}}$

目标函数代表制造商期望利润；IC 约束表示通过信息揭示使得零售商告诉真实信息所得要大于虚假信息所得；PC 约束表示要保证零售商能获得一个最小利润 $\overline{\Pi^r_{a\min}}$。

引理 1：$\overline{\Pi^r_{a\min}}=\overline{\Pi^r}(K(a),P(a),\xi)$

证明：对式（6－11）求导，并令 $\overline{\Pi_a^r}(\xi)=\max\overline{\Pi_a^r}(K(\vec{\xi}),P(\vec{\xi}),\xi)$，则有 $\partial\overline{\Pi_a^r}(\xi)/\partial\xi=(p-w)F(K(\vec{\xi})-u-v-\xi)\geqslant0$ $\overline{\Pi_a^r}(\xi)$ 是 ξ 的递增函数，而 $\xi\in[a,b]$，所以

当 $\xi=a$ 时，$\overline{\Pi_a^r}(\xi)$ 最小，得证。

由包络原理得：

$$\frac{\mathrm{d}\,\overline{\Pi_a^r}(\xi)}{\mathrm{d}\xi}\Big|_{\vec{\xi}=\xi}=(p-w)F(K(\xi)-u-v-\xi)$$

对上式两边积分，并将 $\overline{\Pi^r_{a\min}}$ 代入得：

$$\overline{\Pi_a^r}(\xi)=\int_a^\xi(p-w)F(K(x)-u-v)dx+\overline{\Pi^r_{a\min}}$$

所以，制造商的利润可以表示为：

$$E\,\overline{\Pi_a^m}(K(\xi),P(\xi),\xi)=$$

$$\int_a^b [\overline{\Pi_a^I}(K(\vec{\xi}),\xi)-\int_a^{\xi}(p-w)F(K(x)-u-v-x)dx]g(\xi)d\xi-\overline{\Pi_{a\ \min}^r}$$

根据积分中值定理，上式可表示为：

$$E\ \overline{\Pi_a^m}(K(\xi),P(\xi),\xi)=$$

$$\int_a^b [\overline{\Pi_a^I}(K(\xi),\xi)-[(1-G(\xi))/g(\xi)](p-w)]$$

$$F(K(\xi)-u-v-\xi)g(\xi)d\xi-\overline{\Pi_{a\ \min}^r}$$

其中，$(1-G(\xi))/g(\xi)(p-w)F(K(\xi)-u-v-\xi)$为信息不对称下制造商为揭露零售商的信息而导致的利润损失。所以，制造商最大化利润的问题变为：

$$L(K(\xi),\xi)=\overline{\Pi_a^I}(K(\xi),\xi)-\frac{1-G(\xi)}{g(\xi)}(p-w)F(K(\xi)-u-v-\xi) \tag{6-13}$$

对上式进行一阶求导，则有：

$$(p-c)(1-F(k-u-v-\xi))-c_k-\lambda-\frac{1-G(\xi)}{g(\xi)}(p-w)f(k-u-v-\xi)=0 \tag{6-14}$$

即突发性需求信息不对称下的供应链最优能力$K=K_{case3}$可由式(6－14)求出。

6.3.2 三种情况下的供应链能力优化比较

1）比较$K_{case1}(\xi)$和$K_{case3}(\xi)$

命题 5：对于所有的$\xi\in[a,b]$，$K_{case3}(\xi)\leqslant K_{case1}(\xi)$

证明：当零售商给出自己的真实信息ξ时，$K_{case1}(\xi)$是式(6－4)或式(6－9)的最优能力，所以$\overline{\Pi_a^I}(K_{case1}(\xi),\xi)>\overline{\Pi_a^I}(K_{case3}(\xi),\xi)$；而$K_{case3}(\xi)$是$L(K(\xi),\xi)$的最优能力，所以有：$\frac{1-G(\xi)}{g(\xi)}(p-w)[F(K_{case1}(\xi)-u-v-\xi)-F(K_{case3}(\xi)-u-v-\xi)]\geqslant 0$，由于$F$是增函数，所以$K_{case3}(\xi)\leqslant K_{case1}(\xi)$成立。也就是说，突发性需求不对称下，如果零售商放大市场需求信息，那么通过能力预约下的能力$K_{case3}(\xi)$依然达不到对称信息下的供应链最优能力$K_{case1}(\xi)$。

2）比较K_{case2}和$K_{case3}(\xi)$

由于K_{case2}的表达式里不包含ξ，同时式(6－14)也解不出$K_{case3}(\xi)$，无法建立K_{case2}和$K_{case3}(\xi)$的关系表达式，以下通过假定ε和ξ均服从$[a,b]$的均匀分

布来计算并比较。

$$K_{case2}=0.5(a+3b)+u+v+\frac{(a-b)(c_k+\lambda)}{p-c}$$

$$K_{case3}(\xi)=u+v+\frac{(a-b)(c_k+\lambda)+b(w-c)}{p-c}+(2p-w-c)\xi/(p-c)$$

令 $K_{case3}(\xi)-K_{case2}\geqslant 0$，可求得：当 $\xi\geqslant b+(a-b)(c-p)/2(c-2p+w)$，$K_{case3}(\xi)\geqslant K_{case2}$。所以，当揭示出的私有信息 ξ 足够大时，供应链信息共享程度提高了，信息不对称下的供应链比信息对称但不完全下的供应链愿意提供更多的能力。

6.4　算例

考虑一个由制造商和零售商组成的两级供应链系统，假设系统内的各参数值分别为：$p=30$，$w=10$，$c_k=2$，$c=3$，$u=35$，$v=40$，$\lambda=1$，ε 和 ξ 均服从于 $[-15,15]$ 的均匀分布。突发性需求前：批发价契约下，$K^{ws}=41.43$；能力预约契约下，$K^*=47.78$，$\Pi^I(K)=847.22$，$\tau=26\%$，$r=1.48$。以下对突发性需求下经能力预约契约协调的供应链参数变化情况进行讨论，几种情况下的供应链能力决策与利润比较如图 6-1 和图 6-2 所示。

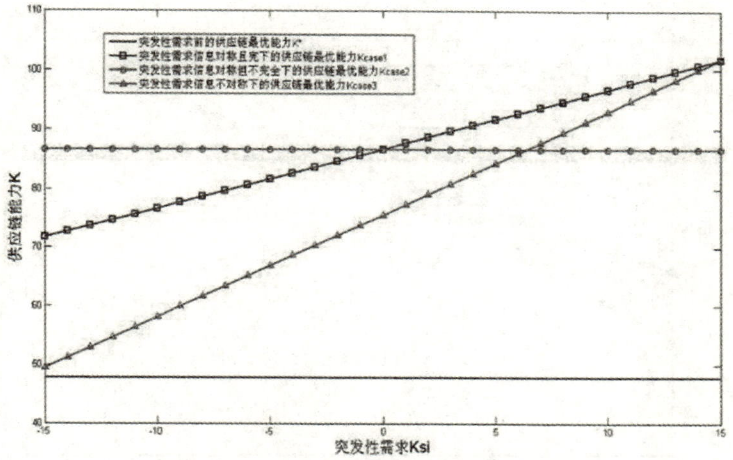

图 6-1　突发性需求前后供应链能力决策

①突发性需求信息对称且完全的情况下，$K_{case1}(\xi)=86.67+\xi$，

$\overline{\Pi}^{I}(K_{case1}(\xi))=1807.78+12\xi$，$\bar{\tau}=\tau=26\%$不变，$\bar{r}=2.22$，零售商需要向制造商支付 $\eta=35.39$。②突发性需求信息对称但不完全的情况下，可计算出 $K_{case2}=86.67$，为常量与 ξ 无关，$\overline{\Pi}^{I}(K_{case2})=1812.92$，其他参数如 $\bar{\tau}$、$\bar{r}$ 和 η 都保持不变。③突发性需求信息不对称的情况下，可计算出 $K_{case3}(\xi)=(2040+47\xi)/12$，$\overline{\Pi}_{a}^{I}(K_{case3}(\xi))=[141930+4(636-5\xi)\xi]/81$，不对称信息下供应链要获得协调，原来的线性能力预约契约要修正为非线性能力预约契约后，供应链才能得到协调。由于 $P(\xi)$ 是 ξ 的凹函数，供应商获得的能力预约费用要低于线性能力预约费用。

可发现：①突发性需求下，只要满足一定条件，扩张能力（$K_{case1}(\xi)$、K_{case2}、$K_{case3}(\xi)$ 均大于 K^{*}）是有意义的，因为三种情况下的利润要比 $\Pi^{I}(K)$ 大。②比较 $K_{case1}(\xi)$ 和 K_{case2}，当 $\xi=0$ 时，式（6－7）和式（6－8）是等价的，即 $K_{case1}(\xi)=K_{case2}=86.67$，相应的供应链利润均为 1812.92。③比较 $K_{case1}(\xi)$ 和 $K_{case3}(\xi)$，可以发现信息不对称下的供应链最优能力达不到信息对称且完全下的供应链最优能力，其利润同样如此；当前仅当 $\xi=15$，即当制造商揭示出零售商最大信息时，供应链能力决策值达到最大，均为 101.67，其对应的利润也达到最大，均为 2167.78；图 6－2 中阴影部分为信息甄别所带来的信息租金对供应链造成的利润损失。④比较 K_{case2} 和 $K_{case3}(\xi)$，当满足式（6－14）即当 $\xi\geqslant 6.38$ 时，$K_{case3}(\xi)\geqslant K_{case2}$，$\overline{\Pi}_{a}^{I}(K_{case3}(\xi))>\overline{\Pi}^{I}(K_{case2})$，也就是说当通过能力预约契约协调揭示出的信息足够大时，突发性需求信息不对称下的供应链能力决策要优于突发性需求信息对称但不完全下的供应链能力决策。

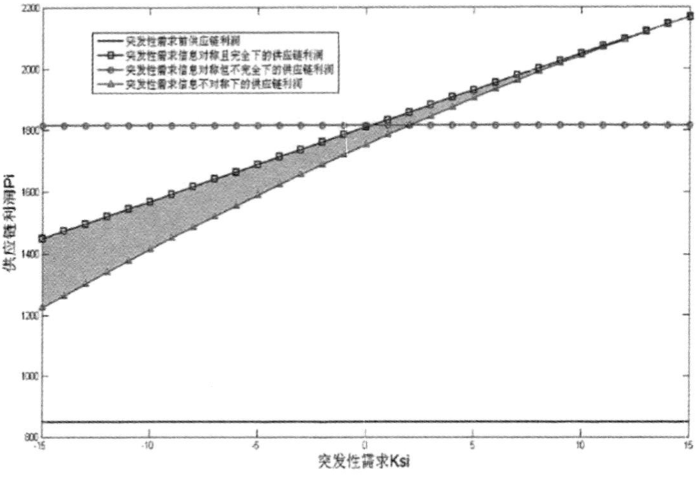

图 6－2　突发性需求前后供应链利润

6.5　本章小结

本章研究了突发性需求下的供应链能力决策问题，同时考虑了突发性需求信息对称且完全、突发性需求信息对称但不完全、突发性需求信息不对称等情形下的供应链能力决策及应急协调机制，首次将信息不对称引入到了突发性市场需求下的能力应急协调研究中。突发性需求，运用能力预约契约分别对突发性需求信息对称且完全、对称但不完全、不对称三种情形下的供应链能力决策进行了协调，并就各种情形下供应链的最优能力及相应的利润加以了比较分析。但本文的研究，与供应链的运营实际还有一定的差距，如①本章为了使模型简化，并没有考虑到建立能力的前置期，实际上企业的应急能力由于突发需求的时限性而不一定能满足市场的全部需求，所以考虑时间约束下的能力应急是未来的一个研究方向；②能力的扩张需要大量的现金流，企业可能无力新建能力满足市场额外的需求，转而寻求战略联盟的支持，所以考虑成本约束下的能力共享应急协调也是未来的一个研究方向。

第 7 章

总结与展望

“9·11”事件以来，除了让人们看到突发事件特别是极端事件对人们生命财产安全的深度影响，同时突发事件也让企业的运营不稳定甚至会给企业带来灾难性的影响，即使突发事件没有发生在企业自身的节点，因为全球化运营导致企业的供应链条非常复杂，供应链节点上任何一个企业出问题，都会对企业自身带来一定程度的影响。所以，有效的应急管理措施就显得尤为重要。对于一个企业来说，如何管理企业自身及供应链节点企业的风险，近十年来一直是企业界和学术界争论的话题。有一种观点认为，作为小概率和高后果事件，突发事件没有办法预防，就犹如近年来的汶川大地震、日本大地震和海啸一样，难以预防，只有等待事件发生后，再考虑如何应对。这种观点认为，突发事件无法预防，企业也无须为突发事件之前的努力买单。诚然，企业难以防范突发事件特别是自然灾害型突发事件，就连国家地震局也难以对该类突发事件进行有效的预警。但是，并不是所有的突发事件都是不可预防的，地震也一样。为什么在地震期间，汶川的房屋的倒塌和受损比例要远远高于日本的房屋，这也说明了面对此类极端事件，实际上也是可以预防的，如提升建筑物的抗震级别，虽然不能降低突发事件源发生的概率，但是可以减小突发事件造成运营设施中断发生的概率和后果。对于企业来说，如果难以掌控供应链其他节点企业的风险管控措施，那么也可以通过增加供应商的数量、建立冗余的库存等措施增强供应链的弹性以防范风险，关键是企业如何在增加防范突发事件风险成本与机会成本之间进行权衡。而本书将订货、供应商可靠性改善和恢复能力投资作为研究的决策点。

7.1 总结

本书研究的研究内容、相关结论如下：

1）企业供应中断风险情景应急研究

借鉴波特“价值链”思想，提出了企业供应中断风险应急框架可以由基本活动和支撑活动构成，而这些活动可以作为情景应急中的情景构成要素。首先，进行突发事件发生前的静态情景分析，在分析企业供应中断风险应急管理绩效的关键要素的基础上，提出了 5 种情景范式。企业可以在审视自身及供应链中关键节点的预警能力、评估能力、防范能力、恢复能力及对事后替代应急资源的判断基础上，运用情景化的思维方式考虑可能的应急策略，最小化供应中断风险给企业带来的损失。其次，进行突发事件后的动态情景分析，从系统的角度来研究两个相关关联的子系统在面对已经发生过的突发事件风险时，通过情景判定与推理，寻求合适的应急方案，而不同的应急方案又会使得情景往不同的方向发展。

2）基于随机产出模型，构建了基于 VaR 和 CVaR 度量准则的供应链订货决策模型

企业在进行风险决策时，需要对风险进行分类，如将不可控突发事件/非常规突发事件风险与常规突发事件风险或一般的扰动风险区别开来，这就需要管理者在进行风险决策时，运用合适的方法。用条件风险值(CVaR)模型来刻画管理者所面临的灾难性风险或极端事件风险，用在险价值(VaR)模型来刻画管理者所面临的一般突发事件风险或日常的扰动风险。研究发现：VaR 和 CVaR 度量准则下的供应链最优订货量不小于风险中性情况；CVaR 下，最优订货量对供应商可靠性均值的敏感性并不依赖于风险规避系数，但制造商最优订货量对供应商可靠性标准差的敏感性则依赖于其自身的风险规避程度；当制造商风险规避达到一定程度时，标准差越大，最优订货量越大，这与风险中性的情况是相反的。这也说明了，对于管理者来说，其对供应商可靠性的担心不是某一阶段供货可靠性的期望，而是供货可靠性的波动性，如果波动性很大，可能会给企业带来灾难性的影响。

3）双源采购下的制造商的供应渠道选择、最优订货量分配及供应商可靠性改善决策

研究结论表明：双源采购下，当两个供应商的成本参数相同情况下，制造商

在进行订货分配决策时，倾向于可靠性较高的供应商；当两个供应商的成本参数不相同情况下，制造商对供应商的倾向性则取决于供应商的可靠性与成本；当一个供应商的可靠性优势能弥补其在成本上的劣势后，制造商选择向其单源采购。特别地，制造商向一个供应商的最优订货量随着另外一个供应商的可靠性的降低而增大，但是与该供应商自身的可靠性的高低关系并不确定。在制造商愿意对供应商进行可靠性改善的前提下，供应商期望发货量增大，制造商的最优绩效增加，这也是供应商可靠性改善的价值所在。

4）制造商防范供应中断风险、供应商防范需求中断风险下的供应链应急援助和订金决策

将供应链不同成员面对的风险，如供应中断风险与需求中断风险纳入一个框架进行考虑，针对此，建立了供应链应急援助和订金决策模型，分析了最优订金对突发事件概率和恢复弹性系数的敏感性，探讨了供应商制定订金决策对制造商制定应急援助恢复决策的激励作用。研究结论表明：Steinberg 博弈下，可靠供应商的最优订金取决于不可靠供应商发生突发事件的概率以及制造商提供应急援助的效率，当突发事件概率越大、应急援助恢复效率越高时，最优订金越小，且突发事件概率和恢复弹性系数之间的关系是替代关系。也就是说，可靠供应商希望的突发事件属于大概率事件，因为突发事件概率本身就是制造商提供应急援助恢复的动力；同时，可靠供应商希望制造商提供的应急援助恢复效率高，这样即使是小概率事件，应急援助恢复下，不可靠供应商的恢复产量也能得到一定的保证，进而降低了可靠供应商订单被过多取消的风险。所以，当应急援助恢复效率较高或面对大概率事件时，订金的激励作用体现的不明显；反之，当应急援助恢复效率较低或面对小概率事件时，订金的激励作用体现的较为明显；也就是说，订金的激励作用主要体现在防范小概率事件或担心制造商对突发事件应急援助恢复的重视程度不够。

7.2 研究展望

从风险防范的视角，定性分析了供应突发事件下的供应链情景应急范式，定量分析了供应链应急管理中的订货策略、供应商可靠性改善策略及供应链突发事件应急援助和订金策略，取得了一定的研究成果，但远远没有达到完善的程度，寄希望于能对供应链突发事件应急管理领域的研究贡献绵薄之力。当然，本书的研究也存在一些问题以及可以拓展的研究方向，有些问题以及研究展望在

各个章节中作者已经针对具体的情境和模型进行过说明，在此不再进行阐述。该节中，仅从宏观上对本书的研究进行展望，并指出供应链应急管理中的几个关键问题。

从突发事件应急管理的时间轴来看，可以将突发事件应急管理划分为事前管理、事中管理和事后管理。而本书的研究属于事前管理，即突发事件还没有发生时，管理者就已经在思考可能的突发事件情景，并提前做好相应的防范准备，防患于未然。“防患于未然”应该说是应急管理的最高境界，问题是：

(1)全球化经营中，为什么有很多企业特别是一些日本的汽车制造企业在经历过灾难性事件后，依然选择单源采购体系，这背后的原因是什么？企业文化、企业的价值观包括管理者的风险管理态度与行为是如何影响其风险管理决策的？从研究方法来看，实证分析加上数理模型或许合适来解释此类问题。

(2)突发事件事前应急管理相当于是在预案，但是如果突发事件没有按照预期的情况出现，就可能会出现预案不可用或无预案可用；这种情况下，管理者如何应对呢？突发事件风险事前管理在这种情况下显得捉襟见肘，因为“防患于未然”中的“患”，管理者可能并不清楚。所以，当无预案可用时，即事前情景预案分析失效时，突发事件进入了事中管理阶段。事中管理阶段，对管理者的临机决策要求就比较高。而临机决策一方面靠的是经验，另一方面需要通过科学方法对“事态”的发展方向即可能出现的“情景”进行判断，并做出相应的应对策略。目前，国内一些学者将情景分析在公共突发事件领域的应急管理中，主要是对突发事件发生、发展和演变中情景演变的可能性、影响程度进行分析，并在情景判定的基础上，快速制定可行的应急响应措施。将这种应急管理思想运用于供应链突发事件应急管理是可能是未来的一个研究方向。

(3)突发事件的发生是否有“概率”或者管理者是否知道突发事件发生的“概率”？在供应链突发事件应急管理的数理分析模型中，一般都假设突发事件的发生是有概率的，且假设是一个常数；也就是说，管理者的风险决策优化都是建立在这个“概率”基础之上的。对于常规的突发事件或企业扰动风险，企业可能会通过历史数据对概率有一定的了解；但是对于诸如地震、恐怖事件、市场需求突然锐减等一些极端的突发事件，企业要把握这类事件发生的概率可能较困难。例如，对于诺基亚来说，几年前一直是全球手机的霸主，而苹果智能手机横空出世后，诺基亚由于未能料到手机市场的格局而濒临破产。对于诺基亚手机来说，苹果手机的出现就是一个未知的突发事件，而这个突发事件对于诺基亚来说就是个灾难性的事件。由于没有防备，诺基亚只有招架之功，毫无还手之力，只能被动地接受这个突发事件。相反，如果所有的手机生产商都与苹果有一样的市场悟性，那么对于诺基亚来说就不会出现这样的突发事件。所以，当一个组织如果有能力对诸如自然灾害、恐怖袭击等突发事件做出精确的预判时，突发事件根本就不会发生，即使发生了也会很快恢复。作者认为，突发事件应急管理的决策优化离不开对突发事件发生的“概率”的把握，如果不能有效把握，突发事件事前防范策略难以做到优化，需要借助其他的一些优化方法如鲁棒优化方法来进行分析。但是，运用鲁棒优化方法来进行风险决策，企业是需要付出成本的。

参考文献

[1] Christopher M, Towill DR. Supply chain mitigation from lean and functional to agile and customized[J]. Supply Chain Management: An International Journal, 2000, 5(4).

[2] Pochard S. Managing Supply-Chain Risk Disruptions: Dual Sourcing as a Real Option[D]. Massachusetts: Massachusetts Institute of Technology, 2003.

[3] 尤西·谢菲. 柔韧——灾祸临头，你的组织能扛得住吗[M]. 上海:上海三联书店出版社，2009.

[4] 傅克俊,胡祥培,王旭坪. 供应链系统中的应急策略与模型[J]. 中国软科学，2007(05).

[5] 郝皓，朱秋沅. 增强企业供应链弹性[EB/OL]. http://www.ccw.com.cn/work2/corp/luntan/htm2003/20031105_09YDZ.htm，2003.

[6] Repenning N, Sterman J. Nobody Ever Gets Credit for Fixing Problems that Never Happened[J]. California Management Review, 2001, 43(4).

[7] Norrman A, Jansson U. Ericsson's Proactive Supply Chain Risk Management Approach after a Serious Sub-Supplier Accident[J]. International Journal of Physical Distribution & Logistics Management, 2004, 34(5).

[8] Burke GJ, Carrillo JE, Vakharia AJ. Sourcing Decisions with Stochastic Supplier Reliability and Stochastic Demand[J]. Production and Operations Management, 2009, 18(4).

[9] Papadakis TC, Ziemba WT. Derrivative Effects of the 1999 Earthquake in Taiwan toUS personal computer manufacturers [M]. Boston: Kluwer

Academic Publishers, 2001.
[10] Hendricks KB, Singhal VR. The Effect of Supply Chain Glitches on Shareholder Wealth[J]. Journal of Operation Management, 2003, 21(5).
[11] Causen J, Hansen J, Larsen J. Disruption management[J]. OR/MS Today, 2001, 28 (5):.
[12] Yu G, Qi X T. Disruption Management: Framework, Models and Application[M]. Fitchburg, MA: World Scientific Publishing Company, 2004.
[13] Yu G, Arguello M, Song G et al. A New Era for Crew Recovery at Continental Airlines[J]. Interfaces, 2003, 33(1).
[14] Johnson M E. Learning from toys: Lessons in managing supply chain risk from the toy industry[J]. California Management Review, 2004, 43(3).
[15] 马林. 基于SCOR模型的供应链风险识别、评估与一体化管理研究[D]. 杭州:浙江大学, 2005.
[16] 张以彬,陈俊芳. 供应链的风险识别框架及其柔性控制策略[J]. 工业工程与管理, 2008, 12(1).
[17] 唐纳德·沃特斯. 供应链风险管理——物流的脆弱性和弹性[M]. 北京:中国物资出版社, 2010.
[18] Wu TT, Blackhurst J J. Chidambaram VV. A model for Inbound Supply Risk Analysis[J]. Computers in Industry, 2006, 57 (4).
[19] Hauser LM. Risk-Adjusted Supply Chain Management[J]. Supply Chain Management Review, 2003, 7(6).
[20] Adhitya A, Srinivasan R, Karimi IA. Supply Chain Risk Identification Using a HAZOP-Based Approach[J]. Process Systems Engineering, 2009, 55(6).
[21] Neiger D, Rotaru K, Churilov L. Supply Chain Risk Identification with Value-focused Process Engineering[J]. Journal of Operation Management, 2009, 27(6).
[22] Chang CS . A Matrix-based VaR Model for Risk Identification in Power Supply Networks[J]. Applied Mathematical Modelling, 2011, 35(9).
[23] 宁钟,王雅青. 基于情景分析的供应链风险识别——某全球性公司案例分析[J]. 工业工程与管理, 2007, 18(2).

[24] Tomlin BT, Snyder LV. On the Value of a Threat Advisory System for Managing Supply Chain Disruptions[J]. Working Paper, Kenan-Flagler Business School, University of North Carolina-Chapel Hill, USA, 2007.

[25] 许明辉. 供应链中的应急管理[D]. 武汉:武汉大学, 2005.

[26] Towill D R, Lambrechtm R, Disney S M. Explicit Filters and Supply Chain Design. Journal of Purchasing & Supply Management, 2003, 24 (9).

[27] 于辉,陈剑. 突发事件下何时启动应急预案[J]. 系统工程理论与实践, 2007, 12(8).

[28] 盛方正,季建华,周娜. 基于供应链管理的应急预案启动时间研究[J]. 工业工程与管理, 2008, 12(6).

[29] 包兴. 运作系统能力受损后的应急管理[D]. 上海:上海交通大学, 2009.

[30] Prater E, Biehl M, Smith M A. International Supply Chain Agility. Tradeoffs between Flexibility and Uncertainty[J]. International Journal of Operations and Production Management, 2001, 21(5).

[31] Hallikas J, Karvonen I, Pulkkinen U et al. Risks Management Process in Supplier Networks[J]. International Journal of Production Economics, 2004, 90(1).

[32] Alvarez MJ, Alvarez A, Giacomo MD et al. A risk Assessment of the Food Supply Chain: Vulnerability against Terrorist or Criminal Contamination[J]. International Journal of Food Safety, Nutrition and Public Health, 2011, 4(1)

[33] 刘家国,周粤湘,卢斌,赵金楼. 基于突发事件风险的供应链脆弱性削减机制[J]. 系统工程理论与实践, 2015, 35(3).

[34] Zsidisin GA, Ellram LM, Carter GR et al. An Analysis of Supply Risk Assessment Techniques[J]. International Journal of Physical Distribution & Logistics Management[J]. 2004, 34(5).

[35] 肖美丹,李从东,张瑜耿. 基于未确知模糊理论的供应链风险评估[J]. 软科学, 2007, 21(5).

[36] Tuncel G, Alpan G. Risk Assessment and Management for Supply Chain networks: A case study[J]. Computers in Industry, 2010, 61(6).

[37] Akturk MS, Gorgulu E. Match-up Scheduling under a Machine Beakdown

[J]. European Journal of Operational Research, 1999, 112:(8).

[38] Guo B, Nonaka Y. Rescheduling and Otimization ofShedules Cnsidering Mchine Filures[J]. International Journal of Production Economics, 1999, 60(6).

[39] Schmidt G. Scheduling with limited machine availability[J]. European Journal of Operation Research, 2000, 121(1).

[40] Xia YS, Yang MH, Golany B et al. Real-time Dsruption Magement in a Two-stage Production and Inventory System[J]. IIE Transactions, 2004, 36(8).

[41] Zhu G. Bard J F, Yu G. Disruption Management for Resource-Constrained Project Scheduling[J]. Journal of the Operational Research Society, 2005, 56(6).

[42] Qi XT, Bard JF, Yu G. Disruption Management for Machine Scheduling: The Case of SPT Schedules [J]. International Journal of Production Economics, 2006, 103(7).

[43] 包兴. 能力共享可降低服务运作系统的应急成本么——基于两种能力支援的应急决策模型研究[J]. 中国管理科学, 2012, 20(1).

[44] Qi XT, BardJ, Yu G. Supply Chain Coordination with Demand Disruption [J]. Omega, 2004, 32(4).

[45] Xu MH, Qi XT, Zhang H et al. The Demand Disruption Management Problem for a Supply Chain System with Nonlinear Demand Functions [J]. Journal of Systems Science and Systems Engineering, 2003, 12(1).

[46] Xu MH, Gao C. Supply Chain Coordination with Demand Disruptions under Convex Production Cost Function[J]. Wuhan University Journal of Natural Science, 2005, 10(3).

[47] Xiao TJ, Qi XT, Yu G, Coordination of Supply Chain after Demand Disruptions when Retailers Compete [J]. International Journal of Production Economics, 2007, 12(1).

[48] Xiao TJ, Qi XT. Price Competition, Cost and Demand Disruptions and Coordination of a Supply Chain with One Manufacture and Two Competing Retailers[J]. Omega, 2008, 36(5).

[49] Chen KC, Xiao TJ. Demand Disruption and Coordination of the Supply

Chain with a Dominant Retailer[J]. European Journal of Operational Research, 2009(1).

[50] 于辉,陈剑,于刚. 协调供应链如何应对突发事件[J]. 系统工程理论与实践, 2005, 25(7).

[51] 于辉,陈剑,于刚. 批发价契约下的供应链应对突发事件[J]. 系统工程理论与实践, 2006, 26(7).

[52] 张菊亮,陈剑. 供应商管理库存应对突发事件[J]. 中国管理科学, 2008, 16(5).

[53] 朱传波,季建华,陈祥国. 突发性需求下的供应链能力决策及应急协调机制[J]. 计算机集成制造系统, 2011, 17(5).

[54] 杜少甫,等. 考虑潜在突发危机的供应链事前优化决策[J]. 系统工程理论与实践, 2012, 32(5).

[55] 莎娜,季建华,陈祥国. 供应链不确定性的情景分析探讨[J]. 情报杂志, 2011, 30(2).

[56] 彭静,林杰,林正. 双渠道供应链应对突发事件双扰动的调整策略[J]. 系统工程, 2016, 34(5).

[57] 覃艳华. 突发事件下多因素同时扰动的闭环供应链协调策略[J]. 数学的实践与认知, 2015, 45(6).

[58] 魏兴光,吴宁谦,林强. 数量折扣契约下基于成本分担的供应链突发事件协调应对[J]. 数学的实践与认知, 2017, 47(5).

[59] Sheffi Y. Building. A Resilient Supply Chain[N]. Harvard Business Review, 2005, 8(1).

[60] Sheffi Y, Rice J B. A Supply Chain View of the Resilient Enterprise[J]. MIT Sloan, Management Review, 2005, 47(1).

[61] Tang CS. Robust Strategies for Mitigating Supply Chain Disruptions[J]. International Journal of Logistics: Research and Applications, 2006, 9(1).

[62] Parlar M, Wang Y, Gerchak Y. A Periodic Review Inventory Model with Markovian Supply Availability[J]. International Journal of Production Economics, 1995, 42(5).

[63] Ozekici S, Parlar M. Inventory Models with Unreliable Suppliers in Random Environment[J]. Annals of Operations Research, 1999, 91(7).

[64] Gullu R, Onol E, ErkipN. Analysis of an Inventory System under Supply Uncertainty[J]. International Journal of Production Economics, 1999, 59(2).

[65] Song JS, Zipkin PH. InventoryControl with Information about Supply Conditions[J]. Management Science, 1996, 42(1).

[66] Snyder LV. A Tight Approximation for a Continuous-Review inventory Model with Supplier Disruptions [J]. Department of Ise Technical Reportt, 2006, 12(1).

[67] SchmittAJ and Snyder LV. Infinite-horizon Models for Inventory Control under Yield Uncertainty and Disruptions[J]. Computers & Operations Research, 2012, 39(4).

[68] Qi L, Shen ZJM, Snyder LV. A Continuous-review Inventory Model with Disruptions at Both Supplierand Retailer[J]. Production and Operations Management, 2009, 18(5).

[69] Parlar M. Continuous-review Inventory Problem with Random Supply Interruptions[J]. European Journal of Operational Research, 1997, 99(5).

[70] Mohebbi E. A Replenishment Model for the Supply-Uncertainty Problem [J]. International Journal of Production Economics, 2004, 87(9).

[71] Mohebbi E, Hao DP. When Supplier's Availability Affects the Replenishment Lead Time—an Extension of the Supply-Interruption Problem. European Journal of Operational Research, 2006, 175(9).

[72] Snyder LV, Shen ZJM. Managing Disruptions to Supply Chains[J]. The Bridge National Academy of Engineering, 2006, 36(2).

[73] Berger PD, Gerstenfeld A, Zeng AZ. How Many Suppliers Are Best? A Decision-Analysis Approach[J]. Omega, 2004, 32(1).

[74] Ruiz-Torres A. J, Mahmoodi F. The Optimal Number of Suppliers Considering the Costs of Individual Supplier Failures. Omega, 2007, 12(5).

[75] Federgruen A, Yang N. Optimal supply diversication under general supply risks. Operation Research, 2009, 57(5).

[76] Dada M, Petruzzi NC, Schwarz LB. A Newsvendor's Procurement

Problem when Suppliers are Unreliable[J]. Manufacturing and Service Operation Management, 2007, 9(1).

[77] Tang SY, Kouvelis P. Supplier Diversification Strategies in thePresence of Yield Uncertainty and Buyer[J]. Operations Management, 2009, 18(6).

[78] He Y, Zhang J. Random Yield Supply Chain with a Yield Dependent Secondary Market[J]. European Journal of Operational Research, 2010, 206(1).

[79] Tomlin B. Disruption Management Strategies for Short Life-Cycle Products[J]. Naval Research Logistics, 2009, 56(7).

[80] Hu B, Kostamis D. Managing Supply Disruptions when Sourcing from Reliable and Unreliable Suppliers [J]. Production & Operations Management, 2015 , 24 (5) .

[81] Xanthopoulos A et al . Optimal News-vendor Policies for Dual-Sourcing Supply Chains: A Disruption Risk Management Framework [J]. Computers and Operations Research, 2011, 39(4).

[82] Bundschuh M, Klabjan D, Thurston D. Modeling Robust and Reliable Supply Chains[J]. Optimization Online E, 2003, 22(1).

[83] 刘希龙,季建华. 基于多源供应的弹性供应网络研究[J]. 工业工程与管理, 2007, 12(3).

[84] 张文杰,骆建文. 基于双源采购的供应应急管理分析[J]. 上海交通大学学报, 2013, 47(3).

[85] 李彬季,季建华,孟翠翠. 应对突发事件的双源采购鲁棒订货策略[J]. 上海交通大学学报, 2014, 24(3).

[86] Panos K, Li J. Flexible Backup supply and the management of lead-time uncertainty[J]. Production and Operations Management, 2008, 17(1).

[87] Chopra S, Reinhardt S, Mohan U. The Importance of Decoupling Recurrent and Disruption Risks in a Supply Chain[J]. Naval Research Logistics, 2007, 54(3).

[88] Hou J, ZengAZ, Zhao LD. Coordination with a Backup Supplier through Buy-Back Contract under Supply Disruption[J]. Transportation Research Part E, 2010, 46(3).

[89] Fang J, Zhao L, Fransoo JC et al. Sourcing Strategies in Supply Risk Management: An Approximate DynamicProgramming Approach [J]. Computers & Operations Research, 2012, 45(1).
[90] Wilson M. The impact of transportation disruptions on supply chain performance [J]. Transportation Research Part E Logistics & Transportation Review, 2007, 43(4).
[91] 杨建华,马志超,宋扬. 应对突发状况的装备备件供应网络虚拟库存策略研究[J]. 数学的实践与认识, 2014, 44(18).
[92] 孙琦,陈娟,季建华. 供应网络横向联合应急战略库存策略研究[J]. 工业工程与管理, 2013, 14(2).
[93] 胡杰,张毕西. VMI 下供应链应对突发事件的协调策略[J]. 数学的实践与认知, 2016, 46(23).
[94] 陈敬贤,孟庆峰. 应对突发事件的库存共享策略[J]. 中国管理科学, 2015, 34(5).
[95] 李雪莲,杨威. 供应中断下的横向转运策略研究[J]. 井冈山大学学报(社会科学版), 2015, 36(5).
[96] 李丛,张洁. 藕节型供应链的建立[J]. 商业时代, 2013, 18(5).
[97] 林志炳,张崎山,李美娟. 附免赔额保险协议下的供应链协调分析[J]. 中国管理科学, 2009, 24(6).
[98] Lin ZB, Cai C, Xu BG. Supply Chain Coordination with Insurance Contract[J]. European Journal of Operation Research, 2010, 205(2).
[99] Dong L, Tomlin B. Managing Disruption Risk: the Interplay between Operation and Insurance[J]. Management Science , 2012 , 58 (10).
[100] Bakshi N, Kleindorfer P. Co-opetition and Investment for Supply-Chain Resilience[J]. Production and Operations Management, 2009, 18(6).
[101] Wang Y M, Gilland W, Tomlin B. Mitigating Supply Risk: Dual Sourcing or Process Improvement? [J], Manufacturing and Service Operations Management, 2010, 12(3).
[102] Liu SX, Kut CS, Zhang FQ. The Effect of Supply Reliability in a Retail Setting with Joint Marketing and Inventory Decision[J]. Manufacturing and Service Operations Management, 2009, 34(7).
[103] 盛方正,季建华. 基于风险规避的供应链突发事件管理[J]. 工业工程与管

理，2008，12(3).

[104] Kim SH，Cohen M，Netessine S et al. Contracting for Infrequent Restoration andRecovery of Mission-Critical Systems[J]. Management Science，2010，56(9).

[105] Hu XX，Gurnani H，Wang L. Managing risk of Supply Disruptions：Incentives for Capacity Restoration [J]. Production and Operations Management，2012，0(0).

[106] Kim SH，Tomlin B. Guilt by Association：Strategic Failure Prevention and Recovery Capacity Investments[J]. Management Science，2013 ，59 (7).

[107] 包兴. 突发事件后生产运作系统的能力应急管理模型研究[J]. 管理工程学报，2010，24(1).

[108] 于辉，邓亮，孙彩虹. 供应链应急援助的 CVaR 模型[J]. 管理科学学报，2011，14(6).

[109] 安智宇，周晶. 考虑供应商违约风险的 CVaR 最优订货模型[J]. 中国管理科学，2009，17(2).

[110] 孟翠翠. 基于柔性能力的供应链突发事件应急管理研究述评[J]. 软科学，2014，28(4).

[111] Tapiero CS. Value at risk and inventory control[J]. European Journal of Operational Research，2005，163(2).

[112] Gan X，Sethi S，Yan H. Channel coordination with a Risk Neutral Supplier and a Downside Risk Adverse Retailer [J]. Production and Operations Management，2005，14(2).

[113] 陈菊红，郭福利. Down-side risk 控制下的供应链收益共享契约设计研究[J]. 控制与决策，2009，24(1).

[114] 赵道致，何龙飞. Down-side risk 控制下的供应链合作契约研究[J]. 系统工程理论与实践，2007，24(4).

[115] 黄松，杨超，杨珺. 考虑成员风险态度和 VaR 约束时的供应链协调模型[J]. 管理工程学报，2011，25(2).

[116] Ozler A，Tan B，Karaesmen F. Multi-Product Newsvendor Problem with Value-at-Risk Considerations[J]. International Journal of Production Economics，2009，117(2).

[117] Rockafellar R T，Uryasev S. Optimization of Conditional Value-at-Risk [J]. Journal of Risk，2000，2(3).
[118] Rockafellar R T，Uryasev S. Conditional Value-at-Risk for General Loss Distributions[J]. Journal of Banking and Finance，2002，26(4).
[119] Chen Y H，Xu M H，Zhang Z G. A Risk-averse Newsvendor Model under the CVaR Criterion. Operation Research，2009，57(4).
[120] 高文军，陈菊红. 基于 CVaR 的闭环供应链优化与协调决策研究[J]. 控制与决策，2011，26(4).
[121] Chiu CH，Choi TM. Optimal Pricing and Stocking Decisions for Newsvendor Problem with Value-at-Risk Consideration[J]. Transactions on System，2010，40(5).
[122] Gotoh J，Takano Y. Newsvendor's Solutions via Conditional Value-at-Risk Minimization[J]. European Journal of Operational Research，2007，12(1).
[123] 许明辉，于刚，张汉勤. 带有缺货惩罚的报童模型中的 CVaR 研究[J]. 系统工程理论与实践，2006，12(10).
[124] 周艳菊，邱菀华，王宗润. 基于 CVaR 约束的多产品订货风险决策模型[J]. 中国管理科学，2006，14(5).
[125] 柳健，罗春林. 利润-CVaR 准则下的二级供应链定价与订货策略研究[J]. 控制与决策，2010，25(1).
[126] 叶飞，林强，李怡娜. 基于 CVaR 的"公司+农户"型订单供应链协调契约机制[J]. 系统工程理论与实践，2011，31(3).
[127] 于辉，甄学平. 考虑借款企业决策行为的供应链 CVaR 利率决策模型[J]. 系统科学与数学，2011，31(10):1269-1278.
[128] 霍良安. 突发事件下回购与惩罚契约协调的风险厌恶闭环供应链研究[J]. 计算机应用研究，2017，34(1).
[129] 姜卉，黄钧. 罕见重大突发事件应急实时决策中的情景演变[J]. 华中科技大学学报. 2009，22(1).
[130] 袁晓芳. 基于 PSR 与贝叶斯网络的非常规突发事件情景分析[J]. 中国安全科学学报. 2011，21(1).
[131] 陈刚，等. 非常规突发事件情景演化机理及集群决策模式研究[J]. 武汉理工大学学报. 2011，24(4).

[132] 杨保华,胡明礼,方志耕. 具有不确定性参数的非常规突发事件情景推演GERTS网络互力耦合模型[J]. 中国管理科学, 2011, 19(10).

[133] 王颜新,李向阳,徐磊. 突发事件情境重构中的模糊规则推理方法[J]. 系统工程理论与实践, 2012, 32(5).

[134] 刘铁民. 应急预案重大突发事件情景构建——基于"情景—任务—能力"应急预案编制技术研究之一[J]. 中国安全生产科学技术, 2012, 8(4).

[135] 詹承豫. 动态情景下突发事件应急预案的完善路径研究[J]. 行政法学研究, 2011, 12(1).

[136] 黄毅宇,李响. 基于情景分析的突发事件应急预案编制方法初探[J]. 安全与环境工程, 2011, 18(2).

[137] Rigby D, Bilodeau B. A Growing Focus on Preparedness. Harvard Business Review, 2007, 85(8).

[138] Worthington WJ, Collins JD, Hitt MA. Beyond Risk Mitigation: Enhancing Corporate Innovation with Scenario Planning [J]. Kelly School of Business, 2009, 52(4).

[139] Kennedy P, Perrottet C, Thomas C. Scenario Planning after 9. 11: Managing the Impact of a Catastrophic Event. [J] Strategy and Leadership, 2003, 31(1).

[140] Chang M S, Tseng Y L, Chen J W. A Scenario Planning Approach for the Flood Emergency Logistics Peparation Poblem under Ucertainty[J]. Transportation Research Part E, 2007(43).

[141] McGee, Kenneth G. Heads Up: How to Anticipate Business Surprises and Seize Opportunities First [M]. Boston: Harvard Business School Press, 2004.

[142] 莱尔斯顿,威尔逊. 情景规划的18步方法[M]. 北京:机械工业出版社, 2009.

[143] Courtney H. Decision-driven Scenarios for Assessing Four Levels of Uncertainty[J]. Strategy & Leadership, 2003, 31(1).

[144] 王丽梅,姚忠,刘鲁. 现货供应不确定下的优化采购策略研究[J]. 管理科学学报, 2011, 14(4).

[145] Kaplan S, Garrick BJ. On the Quantitative Definition of Risk[J]. Risk Analysis, 1981, 1(1).

[146] 范丽繁,陈旭. 顾客可能取消订单的MTO企业订单定价策略[J]. 管理学报，2012，9(5).
[147] Erkoc M, Wu D. Managing High-Tech Capacity Expansion via Reservation Contracts [J]. Production and Operations Management, 2009, 14(2).
[148] Jin M and Wu SD. Capacity Reservation Contracts for High-Tech Industry[J]. European Journal of Operational Research, 2007, 176(3).
[149] Serel DA. Capacity Reservation under Supply Uncertainty [J]. Computers and Operations Research, 2007, 34(4):1192-12201, 18(2).
[150] Gurnani H, Akella R, Lehoczky J. Supply Chain Management in Assembly Systems with Random Yield and Random Demand[J]. IIE Transaction, 2000, 32(8).
[151] Kelle P, Transchel S, Minner S. Buyer - Supplier Cooperation and Negotiation Support with Random Yield Consideration[J]. International Journal of Production Economics, 2009, 118(1).
[152] Keren B. The Single Period Inventory Problem: Extension to Random Yield from the Perspective of the Supply Chain[J]. Omega, 2009, 37(4).
[153] Gbler MG, Bilgic T. On Coordinating an Assembly System under Random Yield and Random Demand[J]. European Journal of Operational Research, 2009, 196(1).
[154] He YJ, Zhang J. Random Yield Risk Sharing in a Two-level Supply Chain[J]. International Journal of Production Economics, 2008, 112(2).
[155] Gurnani H, Gerchak Y. Coordination in Decentralized Assembly Systems with Uncertain Component Yields[J]. European Journal of Operational Research, 2007, 176(3).
[156] 马士华,李果. 供应商产出随机下基于风险共享的供应链协同模型[J]. 计算机集成制造系统，2010，16(3).

索　引